COUR D'ASSISES DE LA SEINE

PROCÈS

EN

DIFFAMATION

M. DELAMARCHE contre le " CRI DU PEUPLE "

Application de la loi sur la Presse
du 29 Juillet 1881

Se trouve chez Léon VANIER, Libraire-Éditeur
QUAI SAINT-MICHEL, 19

PARIS
IMPRIMERIE E. DESGRANDCHAMPS
45, AVENUE D'ORLÉANS, 45

1886

PROCÈS

EN

DIFFAMATION

M. DELAMARCHE contre le " CRI DU PEUPLE "

PROCÈS

EN

DIFFAMATION

M. DELAMARCHE contre le " CRI DU PEUPLE "

Application de la loi sur la Presse
du 29 Juillet 1881

Se trouve chez Léon VANIER, Libraire-Éditeur
Quai Saint-Michel, 19

PARIS

IMPRIMERIE E. DESGRANDCHAMPS
45, AVENUE D'ORLÉANS, 45

1886

ÉPIGRAPHE

BAZILE

La calomnie, Monsieur ! vous ne savez guère ce que vous dédaignez. J'ai vu les plus honnêtes gens prêts d'en être accablés, croyez qu'il n'y a pas de plate méchanceté, pas d'horreurs, pas de conte absurde, qu'on ne fasse colporter aux oisifs d'une grande ville en s'y prenant bien ; et nous avons ici des gens d'une adresse !.... D'abord, un bruit léger, rasant le sol comme l'hirondelle avant l'orage, pianissimo, murmure et file et sème en courant le trait empoisonné. Telle bouche le recueille, et piano, piano, vous le glisse en l'oreille adroitement. Le mal est fait, il germe, il rampe, il chemine et rinforzando, de bouche en bouche il va le diable ; puis tout à coup, ne sais comment, vous voyez calomnie se dresser, siffler, s'enfler, grandir à vue d'œil. Elle s'élance, étend son vol, tourbillonne, enveloppe, arrache, éclate et tonne, et devient, grâce au ciel, un cri général, un crescendo public, un chorus universel de haine et de proscription. Qui diable y résisterait ?

LE BARBIER DE SÉVILLE, ACTE II, SCÈNE XIII

BEAUMARCHAIS

Calomniez, calomniez : il en restera toujours quelque chose.

LE MÊME.

PRÉFACE

Les écrivains qui ont raconté, dans les journaux ou dans les livres, les événements insurrectionnels de 1871, se sont généralement attachés à mettre en lumière, suivant leurs opinions politiques, les excès commis par chacun des deux partis en présence. Aussi ont-ils glorifié chez leurs amis ce qu'ils blâment chez leurs adversaires, sacrifiant ainsi trop souvent à la passion la justice et la vérité.

Outre que cette méthode a le grand tort de fausser l'histoire, elle inflige un grand dommage à la paix sociale en entretenant des haines funestes.

Les débats qui se sont déroulés, le 5 décembre 1885, devant le jury de la Seine (affaire DELAMARCHE contre le journal le *Cri du Peuple*) ont nettement établi que des faits, tout à l'honneur de ceux qui les ont accomplis, ont été travestis et dénaturés par passion politique, au point de revêtir le caractère le plus odieux.

Ainsi, il est prouvé qu'au cours de cette terrible semaine de mai 1871, qui restera dans l'histoire sous le nom de *semaine sanglante*, il se trouva des citoyens qui n'hésitèrent pas à user de l'autorité dont ils étaient investis pour faire prévaloir, dans ces tristes circonstances, les sentiments d'humanité et atténuer, autant qu'il dépendait d'eux, les abus inévitables de la force.

Le moment n'est pas venu d'écrire l'histoire de cette terrible époque, mais en publiant, chaque fois que l'occasion s'en présentera, les documents qui s'y rapportent, nous faciliterons la tâche des futurs historiens, qui pourront mieux apprécier les événements et ramener à leur juste valeur les récits, intéressés ou trop passionnés, de certains écrivains appartenant aux partis extrêmes.

Agir ainsi, c'est préparer la réconciliation entre les citoyens, et c'est être plus utile à la république que de continuer à ressasser, en les exagérant, les excès commis par l'un ou l'autre parti, excès qui sont également condamnables.

C'est pour ce motif, et non pour raviver de tristes souvenirs, que nous avons résolu de publier le compte-rendu de ce procès.

Nous croyons devoir le faire précéder de quelques considérations sur l'application de la loi sur la presse du 29 juillet 1881. Cette loi, votée avec une précipitation regrettable, est pleine de conséquences que le législateur n'a pas prévues et, nous ajouterons, qu'il n'a pas voulues; du moins, nous nous plaisons à le croire.

Nous n'osons pas espérer que notre simple initiative suffira pour amener la révision de certaines dispositions de cette loi qui ont presque le caractère d'un déni de justice. Ce que nous désirons avant tout, c'est que le public, qui ne la connaît pas ou la connaît mal, puisse s'en faire une idée exacte. Peut-être se produirat-il, en faveur d'une modification conçue dans un sens plus équitable et plus libéral, un de ces mouvements d'opinion qui se font sentir jusque dans le sein des parlements.

De quelques conséquences imprévues de la loi sur la presse du 29 juillet 1881

Nul n'est censé ignorer la loi, dit le Code.

Malheureusement beaucoup de gens ignorent les lois usuelles et d'une application journalière; à plus forte raison ignorent-ils les lois particulières, qui semblent n'intéresser qu'une catégorie de citoyens.

Telle est, par exemple, la dernière loi sur la presse.

Or, comme tout le monde peut, à un moment donné, se heurter à cette puissance redoutable qu'on appelle *la presse*, nous croyons faire une œuvre utile en exposant, au point de vue critique, quelques-unes des dispositions législatives qui la régissent actuellement, et qui s'appliquent plus spécialement aux délits commis contre les personnes.

Nous devons tout d'abord déclarer que, malgré les excès de plume vraiment déplorables qui se produisent tous les jours, nous restons partisan de la liberté de la presse. Ce n'est pas sur le principe même de la loi que porteront nos critiques, mais sur certaines de ses dispositions qui, combinées avec divers articles de nos codes, rendent souvent illusoires les garanties édictées par elle au profit des citoyens insultés ou diffamés par la voie des journaux.

Disons d'abord que toute personne ayant des relations dans un journal qui consent à se faire l'écho et même le champion de rancunes privées, ce qui arrive quelquefois, peut aller très loin dans la voie des persécutions contre ses ennemis, sans tomber sous l'application de la loi; car, la diffamation, *au sens juridique*, n'est pas ce que le public pense généralement.

Il faut, en effet, pour que l'autorisation de poursuivre soit accordée au plaignant, que l'attaque soit non seulement violente et repose sur des faits inexacts, mais que, de plus, elle soit précise, circonstanciée et qu'elle porte *directement* « atteinte à l'honneur et à la considération ». Ce qu'on doit entendre par ces mots, *au sens juridique*, n'est pas non plus ce que le public s'imagine.

Prenons pour exemple le procès dont nous reproduisons les débats fidèles.

Me Laguerre reprochait à M. Delamarche de n'avoir pas poursuivi divers journaux qui l'avaient attaqué avant le *Cri du Peuple*; Me Alphonse Ledru, avocat de M. Delamarche, a répliqué, avec beaucoup de raison, qu'aucune poursuite n'était possible, parce qu'aucune des attaques dont son client avait été précédemment l'objet ne constituant le délit de diffamation *au sens juridique*, M. DELAMARCHE avait dû se borner à une simple demande de rectification.

On voit donc que, si un écrivain ne sait pas résister aux suggestions, soit de ses sentiments personnels, soit de l'amitié, soit même quelquefois d'un calcul intéressé, il peut, sans encourir de poursuites, faire le plus grand mal à de très honnêtes gens, par des insinuations ou des accusations vagues, qui, la nature de l'esprit humain étant donnée, trouvent toujours dans le public une oreille complaisante.

Lorsqu'enfin il dépasse la mesure permise, déjà si large, lorsque la poursuite est autorisée, la tâche est-elle rendue facile au plaignant insulté, diffamé, calomnié?

Eh bien, nous devons répondre: non!

A l'exclamation de Lamennais, qui voyait une injustice flagrante dans l'obligation du cautionnement pour fonder un journal: *Silence aux pauvres!* il faut substituer celle-ci: *Point de justice possible pour les pauvres*, s'ils sont diffamés par un journal.

En effet, si le diffamé a quelques ressources, il faut qu'il constitue avoué, qu'il trouve un avocat, qu'il s'engage dans des frais s'élevant quelquefois à plusieurs milliers de francs, s'il veut soutenir la lutte. De plus, il doit perdre un temps considérable.

S'il est pauvre, il a, direz-vous, la ressource de l'assistance judiciaire. Soit, mais il ne faut pas oublier que, d'après la loi de 1881, les délits ou les crimes commis

par la voie de la presse se prescrivent par *trois mois.*
Or, au bout de trois mois, le citoyen diffamé aura-t-il
obtenu l'assistance judiciaire, entourée, comme on
sait, de formalités nombreuses, et aura-t-il eu le
temps de faire tous les actes de procédure qui doivent
précéder la poursuite?

Nous croyons donc être autorisé à dire que le
citoyen victime d'une diffamation doit être aisé,
sinon riche, s'il veut tenter d'obtenir justice. Et voyez
combien la situation est inégale entre les deux parties!
Tandis que le diffamé se voit attaquer dans sa réputation, dans son honneur, ruiné dans son crédit, menacé
de perdre un emploi, dont il vit, le journal diffamateur transforme le procès en scandale, il ameute la
foule contre son adversaire et profite de l'incident
pour augmenter son tirage et remplir sa caisse.

Un grave abus résulte aussi, selon nous, de ce que
les délits de diffamation, commis par la voie de la
presse, ne sont pas instruits comme les délits de droit
commun; c'est-à-dire, qu'il n'y a point d'enquête
judiciaire, point de juge d'instruction qui fasse comparaître devant lui, pour les interroger, plaignant, diffamateur et témoins.

Il résulte de ce défaut d'instruction préalable qu'au
jour de l'audience on peut assister aux incidents les plus
inattendus; par exemple, à l'intervention de témoins
introduits dans les débats, bien qu'ils soient étrangers à
la cause, dans le but de faire *plaider à côté*, comme on
dit au palais, pour transformer un procès privé en procès

politique et, finalement, tâcher d'embrouiller l'affaire afin d'essayer de se tirer d'embarras au détriment de l'honnête homme calomnié.

Il est évident que l'absence de toute instruction préalable laisse beaucoup trop de place à l'habileté et enlève aux débats les garanties nécessaires de sincérité. Elle est, par cela même, très préjudiciable au plaignant; car tout le monde sait que, sur le terrain de l'habileté, de l'imprévu, l'avantage est du côté du journal, qui dispose de tout un personnel d'informateurs, d'amis politiques de toutes classes, d'hommes disposés à soutenir l'organe de leur parti contre un adversaire, simple citoyen, qui reste avec des moyens isolés et ne peut compter que sur la bonté de sa cause pour obtenir justice.

Un abus que nous avons déjà signalé, et qui est aussi très grave, résulte des dispositions de l'article 65 de la loi, qui fixe au délai dérisoire de *trois mois*, la prescription des délits et des crimes commis par la voie des journaux.

Ainsi, un ennemi peut faire lancer contre un citoyen honorable, par un journal à scandales, les accusations les plus abominables; si ce citoyen est empêché, absent, malade, en voyage, si l'article calomnieux lui échappe momentanément, au bout de trois mois, le tour est joué: la prescription est acquise au calomniateur, et sa victime, n'ayant plus le droit de se justifier, devra rester sous le coup des infamies débitées sur son compte.

Nous demandons humblement à nos législateurs s'il y avait vraiment nécessité de créer une prescription spéciale si courte pour le délit de diffamation, tout à l'avantage des journalistes et si contraire aux intérêts les plus sacrés des citoyens.

A un point de vue plus général, disons que, de l'avis des hommes qui, au Palais, s'occupent le plus de ces questions, la loi sur la presse est difficile à manier, et que cette difficulté, jointe à la brièveté du délai de prescription, a fait échouer jusqu'à présent un grand nombre d'instances dirigées contre des journalistes diffamateurs.

Un autre inconvénient, non moins sérieux, de cette loi, c'est que si le citoyen diffamé n'est ni fonction-naire, ni directeur d'un établissement financier ou industriel, il devra déférer l'affaire au tribunal correc-tionnel; or, la preuve des faits diffamatoires n'y étant pas admise, il ne pourra pas de son côté faire la preuve contraire; de sorte qu'une fois condamné, le diffamateur pourra toujours dire qu'il lui a été interdit de faire la preuve des faits avancés, ce qui laissera, en tout état de cause, planer un doute sur l'honorabilité du plaignant.

Allons plus loin; alors même que le diffamé, s'il a été attaqué à l'occasion de ses fonctions, déférerait à la Cour d'assises son calomniateur, celui-ci pourra, s'il le veut, se soustraire au débat contradictoire, et voici comment:

L'article 52 de la loi prescrit au diffamateur de

signifier, dans les cinq jours qui suivront la citation, les moyens qu'il compte employer pour faire la preuve de ses accusations : témoins, documents, etc. Or, s'il n'a ni témoins, ni documents à fournir, c'est-à-dire, s'il est dans l'impuissance de justifier aucune de ses allégations, le diffamé, lui aussi, est privé du droit de faire entendre les témoins qui pourraient le laver des calomnies dont il a été l'objet.

Le procès se borne alors à un échange de plaidoiries, à une lutte oratoire entre les deux avocats.

Bizarre anomalie de la loi ! Le journaliste diffamateur tire un avantage de ce fait, qu'il est absolument impuissant à faire même un semblant de preuve.

Le plus souvent, il fait défaut pour gagner du temps, prolonger le scandale, ou même se soustraire au débat contradictoire.

Dans ce cas, le diffamé est non seulement privé du droit de se justifier par témoins, mais il lui est interdit de faire lire par son avocat les attestations qu'il a pu obtenir d'eux ; car, s'il agissait ainsi, il perdrait également le droit de les faire entendre, le jour où le diffamateur, se ravisant, en appellerait du jugement par défaut et accepterait enfin le débat contradictoire.

Ces dispositions de la loi laissent au diffamateur journaliste toutes sortes de moyens pour échapper, sinon entièrement à la responsabilité encourue, du moins au débat public, auquel il peut toujours se dérober, enlevant ainsi à sa victime la possibilité d'opposer la preuve contraire aux allégations diffamatoires.

Lorsqu'enfin, après deux ou trois mois dépensés en pénibles démarches, le plaignant parvient à amener son adversaire devant le jury, de nouvelles anomalies se produisent: le citoyen traîné sur la claie, insulté, mis au pilori de l'opinion, que l'on a soulevée contre lui, se trouve, par une transformation singulière, réduit en quelque sorte au rôle d'accusé, sans jouir des avantages accordés à tout accusé, quel qu'il soit.

C'est ainsi que le diffamateur a le droit de récusation sur le jury, droit dont il use largement et habilement; car un journal avec ses moyens d'informations, est à même de se renseigner sur les opinions des jurés.

Or, ce droit de récusation n'existe pas pour le plaignant.

On conçoit que, dans les procès où la diffamation est mêlée à la politique, le choix des jurés est chose fort importante. C'est ainsi que, dans une affaire de cette nature, on a entendu récemment le défenseur d'un journal diffamateur, à la sortie de la chambre où se fait le tirage du jury, dire à ses clients: *Tout va bien, le jury est excellent, j'ai récusé tout ce qui était douteux.*

Ce n'est pas tout: le diffamateur a encore le droit de fournir personnellement des explications, de soumettre des observations, de faire des déclarations à la Cour et au jury, alors que ce droit peut être dénié au diffamé, partie civile.

Ajoutons que d'après l'article 63 de la loi sur la presse, la récidive n'est pas une circonstance aggravante; de sorte que le diffamateur, devenu calomniateur après sa condamnation, n'est point retenu par la crainte d'une peine plus forte, et qu'il peut, sans trop risquer, continuer sa coupable besogne, qui est quelquefois toute une industrie.

Il résulte de ce qui précède que l'honnête homme. pris à partie par un journal habitué des salles d'audience, habile à se servir des ressources que lui offre la loi, a une peine extrême à se faire rendre justice.

Enfin, lorsqu'il y est parvenu, lorsque le Giboyer calomniateur sort de l'audience condamné et couvert de confusion, à la suite de débats qui ont prouvé la fausseté de ses accusations et fait éclater l'honorabilité de sa victime, il semble que tout soit fini et que le journal soit tenu de reproduire exactement ce qui s'est dit et passé à l'audience.

Eh bien, cette opinion, si répandue dans le public. doit encore être abandonnée; car, le journal condamné pourra, ce qu'il manque rarement de faire, donner un compte-rendu absolument inexact des débats.

Avec la dernière des impudences, il supprimera, par exemple, les dépositions des témoins qui le gênent, il en arrangera d'autres pour en dénaturer le sens et la portée et il les accompagnera de commentaires qui laisseront croire à ses candides lecteurs que la condamnation prononcée pourrait bien provenir d'un déni de justice.

Partant de ce compte-rendu fantaisiste, le journal diffamateur, après avoir gardé le silence pendant quelque temps, pour laisser s'éteindre dans la presse les appréciations contraires à ses vues intéressées et ne plus entendre l'écho de sa propre infamie, reviendra indirectement sur l'affaire, si cela lui plait; il insérera de nouvelles insinuations contre son adversaire, et, bien que convaincu de mensonge, bien que condamné, il continuera à poursuivre de ses traits empoisonnés la victime qu'il a choisie.

Nous sommes d'avis, pour conclure, qu'il faut maintenir intacte la liberté de la presse; mais nous déclarons non moins énergiquement qu'il est urgent de créer une responsabilité sérieuse aux journalistes, peu dignes de ce nom et heureusement fort rares, qui abusent de cette liberté pour persécuter les citoyens qui n'ont pas le don de leur plaire, ou même des inconnus autour desquels ils croient pouvoir, dans un but de spéculation inavouable, provoquer des scandales et ameuter l'opinion.

Nous soumettons ces quelques réflexions au public en lui indiquant les moyens que, suivant nous, il conviendrait d'employer pour faire cesser des abus qui créent, au profit de quelques-uns, un véritable privilège au détriment de l'ensemble des citoyens.

Nous avons la certitude que, dans cette revendication légitime, nous aurons l'appui de l'immense majorité des journalistes dont les convictions et la probité professionnelle ne sont suspectées par personne. Ils nous aideront dans cette campagne, afin de débarrasser la pressé de la tourbe des diffamateurs, qui n'honorent pas plus le journalisme que les pornographes n'honorent la littérature.

Voici, pour atteindre ce but, les réformes que nous proposons :

1° Que les plaintes en diffamation contre un journal soient suivies comme les crimes et délits ordinaires et instruites par un juge d'instruction.

2° Que ces crimes et délits ne soient prescrits qu'après un délai d'un an.

3° Que les citoyens sans fortune puissent obtenir l'assistance judiciaire dans le plus bref délai possible.

4° Que les citoyens diffamés et se considérant comme calomniés aient, dans tous les cas, le droit de faire la preuve contraire et de se justifier des imputations calomnieuses dirigées contre eux : qu'ils soient simples particuliers ou fonctionnaires, que l'affaire se juge en police correctionnelle ou devant le jury, que les diffamateurs produisent ou non des témoins et des pièces, qu'ils fassent défaut ou se présentent à l'audience.

5° Que le droit de récusation soit accordé aux diffamés comme aux diffamateurs et qu'ils aient, comme ces derniers, le droit de présenter personnellement leurs observations à l'audience.

6° Que le journal condamné soit dans l'obligation de reproduire le compte-rendu fidèle et intégral des débats, d'après le texte même qui lui sera fourni par le greffe du Tribunal, moyennant un droit d'expédition qui viendra s'ajouter aux dépens.

Les considérations que nous venons de développer nous paraissent dignes de l'attention de nos législateurs, qui, en édictant la loi du 29 juillet 1881, ont voulu donner aux écrivains la liberté de discuter toutes les opinions, toutes les doctrines, mais n'ont certainement pas eu l'intention de créer un monopole au profit des entrepreneurs de diffamation. Ils peuvent être assurés que la réforme tutélaire que nous proposons serait également bien accueillie de la presse et des particuliers.

D. J. Daniel ARNOULT.

Paris, 10 Août 1886.

INTRODUCTION AU PROCÈS

REQUÊTE

Adressée à M. le Président de la Cour d'assises, comprenant dans son texte l'article incriminé

M. Delamarche (Étienne-Paul), receveur de l'octroi de Paris, capitaine adjudant-major au 31e régiment territorial d'infanterie, chevalier de la Légion d'honneur, etc., demeurant à Paris, rue Brézin, n° 13, ayant Me Thiriaux pour avoué, a l'honneur de vous exposer :

Que, ancien soldat de Crimée et d'Italie, il a, pendant le siège de Paris, été chargé par la municipalité du XIVe arrondissement, d'organiser le bataillon des volontaires de la garde nationale de l'arrondissement et qu'il a été élu chef dudit bataillon qui a pris le nom de bataillon des volontaires de Montrouge ; que, par décret du 27 décembre 1870, il a été nommé par le gouvernement de la Défense nationale, lieutenant-colonel commandant le 53e régiment de Paris (garde nationale) ; que, par décret du 29 janvier 1871, il a été nommé chevalier de la Légion d'honneur ; qu'à la date du 18 mars 1871, ayant refusé de servir le pouvoir insurrectionnel de la Commune de Paris, et voyant sa liberté et sa vie menacées, il quitta Paris et se rendit à Versailles, dans la famille de sa femme ; qu'à la date du 27 avril 1871, il fut nommé par le chef d'état-major général de la garde nationale de la Seine, commandant

supérieur des gardes nationales du XIV⁰ arrondissement, et qu'il reçut, à cet effet, un ordre de service
fixant ses fonctions, lors de la rentrée des troupes à
Paris; que ses fonctions consistaient à rentrer à Paris
en groupant autour de lui les officiers et gardes nationaux du XIV⁰ arrondissement restés fidèles au gouvernement national, dès que l'armée occuperait militairement un quartier de la ville, à réorganiser les
fractions de bataillons de l'arrondissement restés fidèles,
à constituer avec eux une sorte de régiment dont il
prendrait le commandement et à se joindre avec eux,
à l'armée, étant bien entendu que dans cette circonstance, le rôle de la garde nationale serait celui d'un
instrument puissant, par l'effet moral plutôt que par
une action purement militaire, et que les hommes
égarés seraient accueillis avec une indulgence entière;
qu'il remplit sa mission avec honneur, ainsi que le
constate une lettre à lui adressée le 8 juin 1871, par le
chef d'état-major de la garde nationale du département
de la Seine, pour lui annoncer que, par suite du licenciement de la garde nationale et de la prise du commandement des arrondissements de Paris par l'autorité
militaire, ses fonctions avaient pris fin, et pour le remercier du zèle et du dévouement avec lesquels il
avait accompli la tâche difficile qui lui avait été confiée;
que, par une lettre du 24 juin 1871, le maire du XIV⁰
arrondissement a également témoigné à l'exposant
toute sa gratitude pour le concours qu'il lui avait prêté
et grâce auquel il avait pu très-rapidement pacifier les
esprits et rétablir les services administratifs de son arrondissement; que l'exposant a exercé les fonctions et
le pouvoir dont il avait été investi avec la plus grande

modération, ne se préoccupant que de sauvegarder les droits de l'humanité, et de réconcilier, avec le pouvoir national, ceux de ses concitoyens qui avaient servi la Commune; qu'il n'exerça aucun pouvoir les 22 et 23 mai 1871, n'ayant encore pu, à cette date, pénétrer dans son arrondissement; que pendant ces deux journées des 22 et 23 mai, il n'usa de son influence auprès des chefs de l'armée, que pour solliciter et obtenir la mise en liberté de plusieurs citoyens de son arrondissement, arrêtés par la troupe; qu'il n'est arrivé sur le territoire du XIVᵉ arrondissement que le 24 mai au matin; qu'il s'est installé aussitôt à la mairie et qu'il a exercé son commandement dans toutes les parties de l'arrondissement évacuées par les troupes; qu'il n'y a pas eu de prévôté au XIVᵉ arrondissement et, par suite pas d'exécutions à partir de la prise du commandement de l'exposant; que durant cette période, il n'y a pas eu d'arrestations opérées par les troupes sur lesquelles l'exposant avait autorité; que les dénonciateurs ont été jetés à la porte et les dénonciations au feu; que des secours ont été distribués aux hommes de la garde nationale en attendant la reprise du travail; que certains édifices préparés pour l'incendie ont été préservés de la destruction; qu'en un mot, au lieu d'user de son pouvoir pour faire de la réaction, M. DELAMARCHE est directement intervenu entre les belligérants, usant de son autorité pour sauvegarder les droits de l'humanité et tendre la main aux victimes de la guerre civile; que jamais l'exposant n'a exercé les fonctions de prévôt et que jamais non plus il n'a présidé de Cour martiale; que ces faits sont de notoriété publique dans le XIVᵉ arrondissement que M. DELAMARCHE n'a pas

cessé d'habiter depuis les événements, où il jouit de
l'estime de ses concitoyens et où il exerce les fonctions
gratuites de délégué cantonal, de vice-président de la
caisse des écoles et de secrétaire de la commission
chargée de protéger les enfants employés dans les
ateliers et manufactures; que malgré cette conduite
toute de modération, d'indulgence et de zèle pour le
bien public, M. DELAMARCHE a été, depuis l'année 1879,
l'objet d'une série d'injures et de diffamations concernant le commandement par lui exercé dans le XIVᵉ
arrondissement en qualité de lieutenant-colonel commandant supérieur des gardes nationales dudit arrondissement; qu'il a usé, chaque fois qu'une injure ou
une diffamation s'est produite, par la voie de la presse,
du droit de réponse conféré par l'article 12 de la loi du
29 juillet 1881 à tout dépositaire de l'autorité publique,
diffamé ou injurié par la voie de la presse au sujet des
actes de ses fonctions inexactement rapportés; qu'aujourd'hui le journal le *Cri du Peuple* publie un roman
feuilleton intitulé les *Vaincus de 1871*; que dans le
n° 653 de ce journal, portant la date du 12 août 1885,
à la cinquième ligne de la cinquième colonne du roman-feuilleton ci-dessus énoncé, on lit:

Depuis le lundi 22, vers midi, une Cour martiale était
installée et fonctionnait dans l'imprimerie où nous étions.
Cette Cour martiale était présidée par un certain DELA-
MARCHE, commandant les volontaires de Montrouge pendant le siège.

Cet homme après le 18 mars, s'était empressé de fuir à
Versailles, offrir ses services à qui de droit. On l'avait employé et fait colonel; et c'était avec ce grade qu'il était
rentré dans Paris, le 21 mai, à la tête d'une fraction de
l'armée régulière. Peu soucieux des grands combats et des

mêlées d'où l'on ne revient pas, le nommé Delamarche avait fait sentir les services qu'il pourrait rendre à la cause de l'ordre dans un quartier qu'il connaissait parfaitement, et avait été nommé président de la Cour martiale du boulevard des Fourneaux qui, depuis deux jours qu'elle fonctionnait, s'était acquittée avec férocité de sa sanguinaire mission (1).

Je ne saurais rien vous dire de plus de cette Cour martiale et de son président. Je n'eus pas l'honneur de comparaître devant eux.

Voici du reste comment les choses se passaient devant cette juridiction provisoire.

Si on arrivait boulevard des Fourneaux en l'absence de Delamarche, qui, fort heureusement, n'était pas la ponctualité en personne, on vous jetait dans les sous-sols jusqu'au jour de l'évacuation de cet établissement privé.

Si, au contraire, Delamarche, à votre arrivée, était là pour vous recevoir, il interrogeait sommairement et un par un tous les prisonniers du détachement, consultait ses souvenirs d'habitant de la localité, auscultait ses petites haines et ses grandes rancunes, et faisait son choix, arbitrairement, selon ce que lui conseillait sa mémoire ou son intérêt.

Puis si les *classés* — classés, synonyme de *bons à fusiller* — ne lui paraissaient pas assez nombreux, il en grossissait le chiffre en ajoutant ceux dont les visages lui déplaisaient ou ceux qu'il savait avoir eu des opinions politiques sous l'empire. Il appelait fort plaisamment cette opération de compléter un chiffre de victimes: « mettre des queues aux zéros ».

Quand le triage était ainsi fait, on profitait du passage de la première troupe de ligne pour la mettre en réquisition. Et cette troupe, à la galope, « comme par-dessous la

(1) En 1877, ce Delamarche, à Montrouge, jouait du républicain exalté, mais conservateur, et à l'aide de fonds dont j'ignore la provenance, avait fondé un asile pour les enfants des victimes de l'insurrection. De sorte que, dans le but probable d'arriver à la vie publique par le prolétariat, il se posait en bienfaiteur des orphelins de ceux qu'il avait fait fusiller!..

jambe » disait DELAMARCHE, fusillait les classés. Quant aux autres, on les jetait dans les sous-sols.

Tout cela était vraiment très simple. Point n'était besoin de connaître son droit romain et les trente-six codes pour rendre la justice de cette façon. Il est juste d'ajouter aussi que plus d'un galérien, même au prix de sa liberté, n'eût pas voulu remplir la mission sollicitée et acceptée par M. DELAMARCHE.

Cependant, le dépôt provisoire du boulevard des Fourneaux avait un bon côté.

Du lundi au mardi, DELAMARCHE avait laissé ses prisonniers sans manger, mais leur avait fait donner de l'eau tant qu'ils en avaient demandé.

Le mardi, jour de mon arrestation, j'eusse été conduit de suite rue des Fourneaux, que j'y eusse été assassiné. C'était le jour de la bataille du cimetière Montparnasse, que l'armée, suivant la ligne des boulevards extérieurs, n'avait pu prendre qu'en essuyant des pertes sérieuses et secondée par les divisions qui tournaient Paris par le chemin de ronde des fortifications.

Ce jour-là, DELAMARCHE était à son poste et avait des ordres. Il faisait fusiller tout le monde.

Au reste, il est certain qu'à ce moment, on ne lui amena guère que des hommes pris les armes à la main et ayant fait le coup de feu.

Toujours est-il qu'il emplit de cadavres la vaste cour de l'imprimerie, située en face du dépôt des Pompes funèbres.

Vers le soir, DELAMARCHE pourtant s'humanisa et gracia quelques hommes, entre autres un ex-sergent-major ayant servi dans son ancien bataillon des volontaire de Montrouge.

L'individu ne manque pas d'habileté. Plus tard, il affirmera qu'il a sauvé des milliers de malheureux, et que c'est grâce à lui que le sang n'a pas été plus abondamment versé.

Le lendemain, DELAMARCHE prétendit que la *suée* était passée. Plusieurs d'entre nous qui le connaissaient lui demandèrent à manger, et à force d'appels obtinrent de lui une assez singulière concession.

— A manger! leur dit-il, où diable voulez-vous que j'en prenne? Faire comme la Commune, des bons de réquisition.... Ce ne serait pas la peine d'être du parti de l'ordre. Je vais vous trouver des commissionnaires pour acheter des vivres...

Ce service s'installa à peu près. Les familles accoururent, DELAMARCHE jouait du bonhomme devant elles et les rassurait sur notre compte. Les vivres vinrent aussi...

Ce fut à cet ambitieux féroce que je dus de voir et d'embrasser ma femme avant de quitter Paris. Elle m'apporta des provisions, du linge blanc, du tabac et un peu d'argent. Je pus enfin me changer et me restaurer.

La journée du mercredi se passa ainsi plus rapidement que les autres. Mais le soir, quelques camarades et moi, nous fûmes pris d'une indicible tristesse. Nous avions appris que l'Hôtel de ville avait été abandonné par la Commune qui s'était retirée dans le onzième arrondissement.

Une autre nouvelle nous tenaillait encore.

Des personnes qui étaient venues nous voir nous avaient dit que *Paris flambait*, c'est l'expression dont elles s'étaient servies. Que le faubourg Saint-Honoré, les Ministères, les Tuileries, le Louvre, l'Hôtel de ville, le Palais-Royal étaient en flammes. Que la rue de Rivoli, tout entière, disparaissait dans un rideau de feu et de fumée. Que devenait l'insurrection, que devenaient les nôtres à travers ce désastre?

Enfin la nuit se passa et une partie de la journée du lendemain. J'ai hâte d'arriver au Luxembourg. J'abrège les détails.

Le jeudi vers cinq heures, M. DELAMARCHE nous fit prévenir de nous tenir prêts à partir de suite pour une destination inconnue, que l'imprimerie restait un dépôt de passage, dans lequel on ne séjournerait pas désormais plus de trois ou quatre heures. Une destination inconnue! Beaucoup parmi nous parlaient déjà de Versailles: ils se trompaient. Entre Versailles et nous il y avait le Luxembourg.

Quand DELAMARCHE nous disait « pour partir de suite », l'escorte était déjà dans la cour. Nous fûmes bientôt prêts, quelques-uns joyeux d'un changement qui ne pouvait que nous être funeste. Car DELAMARCHE était de Paris, du quartier, où il était très connu, et, dans une certaine mesure, il se trouvait forcé de garder des ménagements. Enfin, entre lui et les prévôts que nous allions rencontrer, il y avait une différence.

Que la publication de ce roman-feuilleton, qui pourrait être édité en volume séparé et recevoir ainsi la plus grande publicité, constitue le délit d'injures et de diffamation à l'égard de M. DELAMARCHE; que ce délit tombe sous l'application de la loi du 29 juillet 1881, articles 29, 31, 30 et 33; que l'exposant ayant été diffamé et injurié en sa qualité de lieutenant-colonel et de commandant supérieur des gardes nationales du XIVe arrondissement, il est en droit de se porter partie civile et de citer devant la Cour d'assises du département de la Seine: 1° le sieur MIVIELLE, gérant du journal le *Cri du Peuple*, auteur principal; 2° le sieur Jules BOULABERT, auteur du roman feuilleton Les *Vaincus de 1871*, complice; et 3° le Dr GUÉBHARD, propriétaire du journal le *Cri du Peuple*, responsable des condamnations pécuniaires à intervenir contre lesdits sieurs MIVIELLE et Jules BOULABERT, conformément aux dispositions des articles 29, 30, 31, 33, 42, 43, 44, 45, 47, § 3, et articles 6 et 49, §§ 3 et 4 de la loi du 29 juillet 1881, etc.

PROCÈS

PRÉLIMINAIRES

La requête reproduite plus haut ayant été accueillie, M. DELAMARCHE assigna devant la Cour d'assises de la Seine : 1° M. MIVIELLE, gérant du journal le *Cri du Peuple* ; 2° M. Jules BOULABERT, publiciste ; 3° le docteur GUÉBHARD, propriétaire du journal.

Cette affaire vint à l'audience du 7 novembre 1885. Les prévenus firent défaut.

La partie civile, représentée par Mᵉ Alphonse LEDRU, demanda à la Cour de prononcer la nullité de sa propre citation, par le motif que l'article 30 de la loi de 1881, qui édicte la peine à prononcer en cas de diffamation, n'avait pas été visé.

La Cour, sur les conclusions de M. l'avocat général BANASTON, fit droit à cette demande et annula la citation.

L'affaire fut renvoyée au 5 décembre 1885 sur nouvelle citation.

Audience du 5 Décembre 1885

Présidence de M. GAULTIER

Ce jour, à onze heures et demie, la Cour entre en séance.

M. DELAMARCHE, partie civile, prend place entre son avocat, M⁰ Alphonse LEDRU, et son avoué, M⁰ THIRIAUX.

M. Le Président fait l'appel des prévenus.

MM. MIVIELLE et BOULABERT se présentent, et après avoir répondu aux questions d'usage, prennent place au banc des prévenus libres.

A l'appel du nom du docteur GUÉBHARD, M⁰ LAGUERRE, avocat des prévenus, prend des conclusions tendant à le faire mettre hors de cause comme n'étant ni gérant, ni rédacteur, ni propriétaire du journal.

M⁰ A. LEDRU, avocat de la partie civile, prend des conclusions contraires tendant à retenir le docteur GUÉBHARD, comme le vrai propriétaire de la feuille incriminée.

La Cour joint l'incident au fond et remet à statuer ultérieurement.

Après l'appel des jurés et le tirage au sort de ceux qui doivent siéger, les jurés désignés prennent leur place et prêtent, l'un après l'autre, le serment d'usage.

Le greffier donne ensuite lecture de l'assignation lancée contre les prévenus.

Après cette lecture, Me Alphonse LEDRU, avocat de M. DELAMARCHE, prend la parole :

MESSIEURS DE LA COUR,

MESSIEURS LES JURÉS,

Vous venez d'entendre la lecture de la citation qui vous a été faite par M. le greffier. Cette lecture doit être complétée par celles des passages incriminés du *Cri du Peuple.*

Il s'agit d'un feuilleton de M. Jules BOULABERT, intitulé les *Vaincus de 1871;* l'auteur s'est mis en scène, il raconte les événements qu'il a traversés comme combattant de la Commune.

Me LAGUERRE. — Permettez-moi, mon cher confrère, de rectifier une erreur. En vous reportant aux feuilletons qui précèdent ceux rappelés dans votre requête, vous pourriez constater que M. Jules BOULABERT ne s'est pas mis en scène; il a fait parler un de ses compagnons de captivité, nommé BELOT, mort sur les pontons. M. Jules BOULABERT s'expliquera à ce sujet dans un instant.

Me A. LEDRU donne lecture des feuilletons incriminés, reproduits dans la requête que nous avons donnée ci-dessus.

Messieurs les jurés, ajoute-t-il, nous prétendons que ce récit est non seulement diffamatoire, mais inexact. Il ne contient pas un mot de vrai. La loi de 1881 sur la presse autorise le diffamateur, lorsqu'il s'attaque à un fonctionnaire public, à faire la preuve des faits allégués. M. DELAMARCHE est attaqué comme lieutenant-colonel de la garde nationale, investi d'une fonction publique; le *Cri du Peuple* est donc autorisé à prouver, s'il le peut, l'exactitude de son récit. Nous entendons faire la preuve contraire.

Vous allez entendre successivement les témoins cités à la requête du *Cri du Peuple* et ceux cités à notre requête.

M. le Président donne la parole à M. Jules BOULABERT, qui fait la déclaration suivante:

DÉCLARATION DE M. BOULABERT

Le récit dont vient de parler l'avocat de la partie civile n'est pas de moi, il est du citoyen BELOT, qui était délégué au comité d'artillerie du XVe arrondissement, et dans la bouche duquel mon feuilleton met tout cet épisode. Celui-ci lui-même, — ainsi qu'en fait foi une phrase du feuilleton, — ne faisait que répéter les bruits qui avaient cours parmi les prisonniers avec lesquels il s'était rencontré aux Fourneaux.

C'est lui qui m'a raconté les faits. Le citoyen BELOT est mort. Mais son récit m'a été confirmé par le citoyen GARNIER, que vous allez tout à l'heure entendre comme témoin. Je n'ai jamais connu M. DELAMARCHE, et c'est la première fois que je le vois. La raison en est simple. Je ne me suis pas battu sur la rive gauche pendant la semaine sanglante; je ne me suis battu que sur la rive droite, habitant alors avenue Wagram. Pendant toute la durée de la Commune, je n'ai pas passé la Seine une seule fois. Je ne me suis donc [...] mis en scène, comme le disait il n'y a qu'un instant l'avocat de la partie civile. Cela, je l'ai fait chaque fois que j'ai eu à raconter des souvenirs personnels. Mais je n'ai pas cru devoir me borner à ceux-ci.

J'ai pensé que c'était un devoir pour moi de recueillir le plus de témoignages possibles pour pouvoir écrire l'histoire de 1871. Sur les pontons, j'ai vu défiler plus de 10,000 prisonniers. J'ai questionné tous ceux qui avaient joué un rôle sérieux pendant la Commune. J'ai négligé les racontars qui ne me paraissaient pas suffisamment établis. Mais chaque fois qu'un même fait m'a été raconté par deux ou trois personnes dignes de foi, je l'ai relaté dans les *Vaincus*. C'est ainsi que j'en ai usé à l'égard de M. DELAMARCHE (1).

(1) Pour apprécier la déclaration de M. BOULABERT, voir les dépositions des témoins, anciens détenus aux prévôtés, à Versailles, sur les pontons ou en Calédonie, cités au nombre de douze, tant par le *Cri du Peuple* que par M. DELAMARCHE. Tous ont déclaré *ne pas avoir entendu parler de M. DELA-MARCHE pendant leur détention ou n'en avoir entendu dire que du bien*. GARNIER cité dans la déclaration de M. BOULABERT a dit dans sa déposition *n'être pas allé aux Fourneaux*. Voir aussi, sur l'origine des calomnies dont il a été l'objet, la déclaration de M. DELAMARCHE, page 137.

AUDITION DES TÉMOINS
Témoins cités par le « *Cri du Peuple* »

M. le Président annonce qu'il va être procédé à l'audition des témoins cités par les prévenus.

Sur dix-neuf témoins signifiés par eux, sept ne se présentent pas: ce sont MM. LONGUET, Raoul CANIVET, hommes de lettres; PERRIN, SCHNEIDER, mécanicien, PÉNARD, cocher-balayeur, GROSJEAN, sculpteur; et M⁽ᵐᵉ⁾ WOLFF, artiste-peintre.

Les douze témoins qui ont répondu viennent déposer dans l'ordre suivant (1).

(1) Parmi les témoins cités par le *Cri du Peuple*, il en est qui sont allés à la prévôté du boulevard des Fourneaux; ceux-là ont fait des dépositions nettes et précises sur ce qu'ils avaient vu; il n'y a aucun commentaire à ajouter à ces témoignages.

Mais il en est d'autres, cités sans doute par le *Cri du Peuple* pour ce qu'il a appelé « *Le Procès général contre la répression Versaillaise.* » Or, aucun de ces témoins n'est allé à la prévôté des Fourneaux; la plupart ignoraient ce qui s'est passé au XIVᵉ arrondissement en 1871 et ne connaissaient même pas M. DELAMARCHE avant le procès. L'un d'eux, l'honorable M. Camille PELLETAN, a même déclaré avoir entendu prononcer le nom de M. DELAMARCHE pour la première fois à l'audience. Comme ces témoins n'ont pu apporter à l'audience que des généralités sans valeur juridique dans ce procès, des on-dit, des racontars étrangers à la cause ou ne s'y rattachant que très indirectement, nous avons cru indispensable pour éclairer ces dépositions, de les faire suivre, chaque fois que cela nous a paru nécessaire, de notes explicatives ou de renvois à d'autres dépositions ou aux documents justificatifs pour rétablir, soit la vérité historique, soit la vérité sur le rôle de M. DELAMARCHE au cours des événements.

Garnier, voyageur de commerce, ancien déporté.

Après les questions et les formalités d'usage, M. le Président invite Garnier à dire ce qu'il sait sur la prévôté du boulevard des Fourneaux et sur le rôle qu'y aurait joué M. Delamarche.

Garnier. — Je n'ai pas passé par la Cour martiale du boulevard des Fourneaux, sans quoi je ne serais pas ici.

Je me suis trouvé de service à la barricade des Quatre-Chemins, le mardi 23 mai, vers trois heures (1), deux hommes, un sergent-major et un fourrier que j'avais envoyés pour la solde, sont venus me raconter qu'ayant été arrêtés et conduits à une imprimerie de la rue des Fourneaux, ils y avaient été fouillés et que le commandant des volontaires de Montrouge, M. Delamarche, leur avait dit : « je vais vous faire mettre en liberté ; dites aux habitants de mettre bas les armes, de se recommander de moi et qu'il ne leur arrivera rien de fâcheux ».

J'ai dû expulser ces deux hommes qui débauchaient les combattants (2).

Mᵉ Laguerre. — Je désire que des questions soient posées sur les Cours martiales et sur le rôle de M. Delamarche pendant toute la Commune.

M. le Président. — Je ne puis laisser poser de questions que sur les faits énoncés dans la requête,

(1) Voir déposition Rorca, page 75 ; à trois heures les barricades de l'avenue d'Orléans étaient au pouvoir de l'armée.

(2) Voir la confrontation de Garnier avec le témoin Roux, page 67.

c'est-à-dire sur les journées des 22, 23, 24 mai et jours suivants.

M° A. Ledru. — J'insiste, M. le Président, pour que les témoins soient entendus sur le rôle de M. Delamarche au 18 mars et à Versailles. Il en est question dans le feuilleton incriminé.

M. le Président. — S'il en est ainsi, vous pourrez poser des questions au témoin sur tout ce qu'a fait M. Delamarche pendant la Commune et sur la Cour martiale des Fourneaux.

Le Témoin. — Le 18 mars entre une et deux heures de l'après-midi, étant de service à la mairie de Montrouge, j'entendis la sonnerie du bataillon des volontaires. Leur commandant M. Delamarche a fait faire le cercle, je m'approchai, et je l'entendis insister auprès du bataillon pour l'emmener à Versailles, menaçant Paris d'un siège beaucoup plus terrible que le premier (1), M. Delamarche n'a pas été menacé (2).

Je dirai maintenant que le 17 juin je me suis constitué prisonnier au poste de la mairie. Je vis entrer deux individus que l'on maltraitait, ils se réclamèrent du colonel Delamarche.

Le brigadier de police leur dit : c'est le colonel qui a donné l'ordre de vous arrêter (3).

---

(1) La réunion du bataillon des Volontaires, place de la Mairie, n'a pas eu lieu le 18, mais le 13; il ne pouvait être à cette date question d'un siège que personne ne prévoyait. (Voir lettre de Garnier, page 102). Déposition des témoins Sébourge, Collin, Rouffiac, etc. et confrontation de Garnier avec le témoin Roger.

(2) Voir lettre Garnier et déposition Héaucor.

(3) Voir confrontation de Garnier avec le témoin Roger, l'un des deux prisonniers dont il est question.

M. le Président. — Connaissez-vous le nom du brigadier du poste?

Le Témoin. — Pas du tout.

Kayl, architecte, ancien déporté.
Le témoin est d'abord très hésitant; il dit:

Dans Montrouge on répand le bruit que je suis la cause du procès; je dois déclarer d'abord que je n'y suis pour rien, que je ne connaissais personne au *Cri du Peuple* avant le procès.

Je suis entré aux volontaires de Montrouge et j'ai été d'abord très enthousiaste de M. Delamarche, leur organisateur, mais j'ai dû bientôt en rabattre; il a nommé de son autorité privée, sans passer par l'élection, M. Harant, capitaine d'armement (1).

M. le Président. — Arrivez aux faits, dites ce que vous savez du boulevard des Fourneaux et du rôle de M. Delamarche à cette occasion?

Le Témoin. — Je ne sais rien à ce sujet.

Me Laguerre. — Je demande que le témoin soit interrogé sur le rôle de M. Delamarche au 18 mars, et sur son expulsion du cercle républicain du XIVe arrondissement?

M. le Président. — La question a-t-elle trait au procès?

Me Laguerre. — Certainement. J'en ferai de semblables à tous les témoins.

_____

(1) C'est inexact. Les officiers d'administration de la garde nationale (officiers-payeurs, capitaines d'armement, etc.), n'étaient pas soumis à l'élection; ils étaient nommés par l'état-major, sur la proposition des chefs de corps. C'est ce qui a été fait pour M. Harant.

KAYL. — Je n'étais pas là le 18 mars, mais je sais que M. DELAMARCHE a réuni le bataillon et a insisté pour l'emmener à Versailles. Quelques uns l'ont suivi, les autres, et je suis du nombre, sont restés (1).

M. DELAMARCHE a été expulsé du cercle pour avoir reproché à M. Raoul CANIVET, journaliste, d'avoir été précepteur des enfants de Mac-Mahon. La majorité du cercle ayant trouvé drôle que M. DELAMARCHE, qui était allé à Versailles, fasse ce reproche à M. CANI-VET (2).

Au moment de la rentrée des troupes, je sais d'après les bruits qui ont couru,...

M. LE PRÉSIDENT. — Peu nous importent les bruits, racontez des faits précis.

(1) Il n'a été question de Versailles dans aucune réunion des volontaires. Voir la lettre CANIVET, et dépositions SÉBORGUE, COLLIX, ROFFIAC, ROCCES, etc.

(2) Cet incident du cercle est inexactement rapporté ; personne n'a fait le reproche à M. CANIVET d'avoir été le précepteur des enfants du maréchal de Mac-Mahon ; un collègue de M. DELAMARCHE et non lui, a demandé à M. CANIVET, s'il était vrai, ainsi qu'il était écrit dans un papier signé BLASPAIS, qu'on lui présenta, qu'il eût été précepteur des enfants du maréchal de Mac-Mahon. M. CANIVET fournit des explications, M. DELAMARCHE se mêla à la discussion qui dégénéra en tumulte.

A la suite de cette séance, M. DELAMARCHE et un certain nombre de membres du cercle, donnèrent leur démission. La majorité a-t-elle dans une séance ultérieure voté sa radiation ? M. DELAMARCHE n'a jamais été appelé au cercle et n'a jamais reçu de communication à ce sujet.

Si le fait est vrai il y a lieu d'être étonné d'une pareille mesure, prise dans de telles circonstances, pour un pareil motif et cela dans un cercle républicain. Cette mesure ne saurait atteindre en rien, d'ailleurs, M. DELAMARCHE; mais elle donne une singulière idée de l'impartialité de ceux qui l'ont prise et il faut ajouter que c'est une idée encore plus singulière d'avoir mêlé le cercle dans cette affaire et introduit cet incident dans un procès où il n'a que faire.

M° Laguerre. — N'est-il pas à votre connaissance qu'un amnistié aurait refusé de serrer la main à M. Delamarche?

Le Témoin. — Oui, il aurait dit: je ne serre pas la main d'un homme qui est venu m'interroger sur les pontons.

M° Laguerre (*interrompant*). — C'est une erreur, il est certain que M. Delamarche n'est jamais allé sur les pontons. On a confondu M. Delamarche avec un nommé Lamarche, agent de la sûreté, qui en effet est allé interroger les prisonniers sur les pontons (1). C'est à Versailles que serait allé M. Delamarche pour voir les prisonniers (2).

M° A. Ledru. — N'avez-vous pas demandé à M. Delamarche, étant prisonnier, un certificat dans l'intérêt de votre défense, et ne vous l'a-t-il pas accordé?

Kayl. — Oui, j'ai demandé un certificat à M. Delamarche qui ne pouvait me le refuser (3)!

M° A. Ledru. — N'avez-vous pas reproché à M. Delamarche de ne vous avoir pas fait décorer?

Kayl. — Non, j'ai écrit une lettre à M. Delamarche,

---

(1) Que devient l'allégation de Kayl devant la déclaration de M° Laguerre?

C'est pourtant sur ce voyage imaginaire de M. Delamarche aux pontons, inventé contre toute évidence, soutenu après de nombreux démentis par quelques ennemis personnels, que reposent les calomnies dont il a été l'objet. Personne d'ailleurs n'a refusé de serrer la main à M. Delamarche. Voir page 90, sur l'incident du cercle, le procès-verbal dressé à cette occasion.

(2) Pour visite aux prisonniers à Versailles. Voir déposition de M. Séborgue et de M᷾ Mettac. Voir aussi aux pièces justificatives, page 222.

(3) Voir dépositions des témoins Poyet et Collix.

qui doit l'avoir, car il conserve les petits papiers, dans laquelle je disais qu'il avait fait décorer des gens qui ne le méritaient pas, comme M. Harant, conseiller municipal, pour s'en servir après (1); et qu'il n'en avait pas fait décorer d'autres qui le méritaient.

Rolland, concierge.

M. le Président. — Dites ce que vous savez de la Cour martiale du boulevard des Fourneaux et de M. Delamarche ?

Le Témoin. — Je ne connais pas M. Delamarche, j'ai été employé pour enlever et enterrer les hommes fusillés, au nombre de quarante-et-un. Il y avait une Cour martiale.

Je ne sais rien sur M. Delamarche.

Mᵐᵉ Émion, maîtresse d'hôtel.

J'ai perdu mon fils, il n'était pas fédéré.

Mon fils n'a jamais reparu chez moi. Deux personnes m'ont dit que mon fils devait être fusillé par la Cour martiale, mais je n'ai rien su de positif.

Quant à M. Delamarche, je n'ai jamais entendu rien dire sur lui, je ne le connais même pas.

Mᵉ Laguerre. — Ne teniez-vous pas un débit de vin ?

(1) L'honorable M. Harant, décédé maintenant, a été élu conseiller municipal en 1872 seulement. La conduite de M. Harant, pendant les événements de 1870-71 a été digne d'éloges ; la mémoire de ce ferme patriote, de ce vieux républicain, ancien président du Conseil municipal de Paris, qui, couché dans la tombe, n'est plus là pour se défendre, ne saurait être atteinte par la déclaration de M. Kayl.

Le Témoin. — Oui, Monsieur.

Mᵉ Laguerre. — Quelle a été votre recette avec les soldats rien que dans la journée du 23 mai?

R. — 1,400 francs.

Mᵉ Laguerre. — Rien qu'en vin?

R. — Oui, Monsieur.

Mᵉ Laguerre. — Les soldats ne vous payaient-ils pas avec de l'or?

R. — Oui, Monsieur, avec des pièces de 20 francs (1).

Champetier, cordonnier.

J'ai été arrêté le 23 mai et emmené aux Fourneaux par cinq soldats dont quatre voulaient m'étrangler.

Je n'ai pas vu M. Delamarche que je ne connais pas; je n'ai vu qu'un maréchal-des-logis de gendarmerie.

Mᵉ Laguerre. — Comment la Cour martiale fonctionnait-elle?

R. — Oh! le plus sommairement possible.

Danner, cordonnier.

Ce témoin s'exprime d'une voix si faible qu'on l'entend à peine; il dit:

(1) Cette déposition pourrait laisser croire que les soldats étaient gorgés d'or et de vin. Voici la vérité sur le fait rappelé que nous tenons d'un témoin oculaire, ancien militaire, en état, par conséquent de l'apprécier.

Le 23 mai au matin, la division Levassor-Sorval, 8 à 10,000 hommes, était massée sur le boulevard, bivouaquée ou logée au dépôt des omnibus, ou des pompes funèbres. A l'heure du repas, les fourriers, les chefs d'escouade, sont allés s'approvisionner chez les débitants du voisinage, dans un rayon très court. Il n'est pas extraordinaire qu'un petit débit comme celui de Mᵐᵉ Enos ait fait, dans ces circonstances, 1,400 francs de recette, que les soldats aient payé avec de l'or provenant des fonds des compagnies. La distribution faite, chaque homme a dû avoir sa ration de campagne; soit un quart de litre, soit peut-être un demi-litre de vin au plus.

J'ai été arrêté le 23 mai au matin et conduit à la prévôté des Fourneaux. Vers trois heures, j'ai vu arriver M. DELAMARCHÉ suivi de plusieurs personnes, pour faire sortir deux prisonniers, MM. ROGGEN père et fils, qui étaient à côté de moi. J'ai dit à ROGGEN: pensez à moi?

Mᵉ LAGUERRE. — M. DELAMARCHE était-il porteur d'un ordre?

R. — Je le suppose, il n'aurait pu faire sortir les prisonniers de lui-même (1). Conduit le soir à l'École militaire, j'ai assisté à des fusillades.

M. Camélinat, directeur de la Monnaie sous la Commune, député.

M. LE PRÉSIDENT. — Dites ce que vous savez sur la prévôté des Fourneaux et sur le rôle qui aurait joué M. DELAMARCHE?

LE TÉMOIN. — Sur l'existence d'une Cour martiale rue des Fourneaux, il me serait difficile de dire quelque chose.

Si j'y étais allé, je ne serais pas ici.

J'ai entendu, en Angleterre, le vicomte d'ARMAILLÉ, attaché à l'état-major versaillais, me dire qu'il regrettait de ne pas m'avoir rencontré à Paris, qu'il m'aurait fait fusiller.

Il ajoutait qu'en rentrant à Paris, les troupes de

(1) Voir plaidoirie de Mᵉ A. LEDRU, page 111, l'ordre d'élargissement obtenu du général LEVASSOR-SORVAL par M. DELAMARCHE, *sous sa responsabilité personnelle,* pour faire sortir ROGGEN père et fils.

Voir aussi aux documents, page 233, l'attestation envoyée spontanément à M. DELAMARCHE par le témoin DASNER, dès le 20 octobre 1885.

Versailles étaient accompagnées par des hommes de chaque quartier, munis d'un brassard, qui dénonçaient leurs concitoyens (1) qui avaient fait partie de la Commune.

Mon frère a été arrêté par deux officiers à brassards; ma femme et mon enfant ont été arrêtés en Bourgogne et maltraités.

M. LE PRÉSIDENT. — Ces faits sont assurément regrettables, mais est-ce que vous supposez que M. DELAMARCHE soit pour quelque chose dans ces arrestations.

LE TÉMOIN. — C'est probable.

(Ces derniers mots soulèvent de violentes rumeurs dans l'auditoire.)

M. LE PRÉSIDENT. — J'invite à faire silence ou je ferai évacuer la salle.

LE TÉMOIN. — J'ai entendu dire que M. DELAMARCHE avait présidé une Cour martiale.

Me LAGUERRE. — La déposition de M. CAMÉLINAT établit que des officiers à brassards arrêtaient ceux qui avaient servi la Commune.

Me A. LEDRU. — Le témoin prétend avoir entendu dire que M. DELAMARCHE avait présidé une Cour martiale. Je lui demande où, quand et par qui?

LE TÉMOIN. — Je l'ai entendu dire avant et depuis le

______

(1) Il y avait en effet avec les troupes des hommes en civil munis de brassards appartenant à la police. Les gardes nationaux étaient en uniforme et leur mission, au moins dans le XIVe arrondissement, était toute de pacification et de clémence. Voir page 106, l'ordre de service de M. DELAMARCHE.

Voir aussi, à ce sujet, note à l'occasion de la déposition de M. C. PELLETAN.

procès par M. KERN, ingénieur civil (1), et par GAR-
NIER. Pas celui qui est témoin (2).

M. Camille Pelletan, député.

Me LAGUERRE. — M. C. PELLETAN a été le premier
qui ait parlé des faits de la semaine de mai. Je vais
prier M. C. PELLETAN de faire connaître aux jurés ce
qu'il sait des Cours martiales et de celle de la rue des
Fourneaux.

LE TÉMOIN. — Je ne désire à aucun degré, en ce
moment, juger les événements de 1871, je ne suis pas
là pour cela, mais d'un autre côté, si je dois me borner
aux faits de la rue des Fourneaux, ce que je puis dire,
c'est que c'est une des nombreuses Cours martiales ou
prévôtales dont on a constaté l'existence. J'ai fait des
recherches, non pas dans un but politique, mais dans
un but d'apaisement et pour amener la grande mesure
de l'amnistie. Ce qui m'a beaucoup frappé dans ces
recherches, ce sont ces sortes de tribunaux, de Cours
martiales, de Cours prévôtales qui sont installées d'une
façon improvisée sur tous les points de Paris. Il y avait
un grand nombre d'exécutions sommaires; on en est
venu, plus tard, à faire une espèce de triage des prisonniers pour savoir ceux qu'il fallait fusiller et ceux qu'on
enverrait à Versailles. Ça a été l'œuvre de ce qu'on a

(1) M. KERN, ingénieur civil, consulté par M. DELAMARCHE a affirmé n'avoir
jamais tenu ce propos. Il lui aurait été difficile de parler du rôle de
M. DELAMARCHE pendant la Commune, attendu qu'il a quitté Paris aussitôt
après la guerre.

(2) De quel GARNIER s'agit-il alors?

appelé les Cours martiales. Il y avait un grand nombre d'arrestations pour des causes politiques.

Il y en avait aussi, comme en tout temps de révolution, pour des motifs privés et des haines. Bien des gens cherchaient à se débarrasser des personnes qui les gênaient. Tous ces prisonniers étaient amenés devant un seul juge. Le plus grand nombre furent certainement fusillés à bref délai, dans un endroit peu éloigné. Je n'ai jamais pu savoir, et cela paraît être important dans le cas actuel, si ces sortes de tribunaux qui ont disposé si longtemps de la vie des citoyens avaient un caractère officiel à un degré quelconque. Je crois pourtant que oui, mais d'une façon inavouée. Il n'est pas douteux que ces Cours martiales ont été instituées par le commandement militaire (1). D'autre part, les agents de la préfecture de police envoyaient certaines personnes à ces Cours martiales. Ce qui est certain, c'est que jamais elles n'ont été officiellement avouées parce qu'elles n'étaient pas officiellement avouables. J'ai eu l'occasion de voir beaucoup de personnes qui avaient eu un des leurs frappé par une de ces Cours martiales. Celle de la rue des Fourneaux était dans le cas de toutes les autres.

Me LAGUERRE. — Est-ce M. le docteur ROBINET qui vous a renseigné ?

(1) M. le général LEVASSON-SORVAL, prié de faire connaître qui commandait la Cour martiale du boulevard des Fourneaux, ressortissant de son commandement, a fait la déclaration suivante :

Aix, le 20 octobre 1885.

« Ma division avait la prévôté réglementaire, l'officier de gendarmerie. »

« Général LE VASSOR-SORVAL.

Le Témoin. — Mes souvenirs sont bien loin, j'avais tous mes dossiers mais il me serait très difficile de retrouver ces témoignages. Je crois qu'il y a eu un rôle joué par deux éléments: l'armée arrivant du champ de bataille, et puis une certaine classe d'hommes qui a figuré dans cette période et qui ont toujours été tristement appréciés par tous les partis, par toute la presse de toutes les nuances et même par la presse étrangère, le *Times*, entre autres. Je veux parler de ceux qu'on a appelés les gardes nationaux à brassards, c'est-à-dire de ceux qui ont reconstitué une sorte d'état-major de la garde nationale à Versailles.

M. le Président. — Vous admettez bien que si on peut quelquefois conclure de faits particuliers au général, on ne peut jamais conclure du général au particulier?

Le Témoin. — Parfaitement, et je dois déclarer que je ne connais rien de la conduite de M. Delamarche, dont j'ignorais même le nom avant d'entrer dans cette salle d'audience (1).

(1) La déposition de M. C. Pelletan ne pourrait avoir aucune valeur juridique dans le litige, puisque l'honorable député a déclaré avoir entendu prononcer le nom de M. Delamarche *pour la première fois en entrant à l'audience*. Mais, par sa généralité même, elle touche à une question historique qu'il est intéressant d'élucider ici, celle des personnes munies de brassards lors de la rentrée de l'armée, ce que nous allons essayer de faire en complétant les renseignements fournis à ce sujet par M. C. Pelletan.

Tout d'abord il n'y avait pas, à la rentrée des troupes dans Paris, qu'un seul élément muni de brassards, ainsi que cela paraîtrait ressortir de la déposition de l'honorable député, mais bien deux.

D'une part, les officiers ou gardes nationaux qui, au 18 mars, avaient refusé de s'associer au mouvement insurrectionnel et qui, pour ce motif, avaient dû quitter Paris. Parmi eux se trouvaient presque tous les officiers supérieurs de la garde nationale pendant le siège et un certain nombre d'officiers subalternes, tous nommés à l'élection par un vote légal.

Ce sont ces officiers qui, investis d'un mandat régulier, furent désignés, vers la fin d'avril, par le gouvernement national, pour reconstituer la partie essentielle des cadres de la garde nationale.

La suppression de cette garde civique n'entrait pas, en ce moment, dans

Goullé, réfugié à Londres après la Commune, rédacteur du *Cri du Peuple* (1).

M. LE PRÉSIDENT. — Voulez-vous nous faire connaitre ce que vous savez sur l'existence de la Cour

les vues du chef du pouvoir exécutif, M. THIERS, qui tenait beaucoup à cette institution. On sait en effet que ce n'est qu'après la bataille des huit jours, sur les instances des généraux et après un rapport fait à l'Assemblée nationale par le général CHANZY, que la garde nationale fut supprimée le 8 juin 1871.

Ces gardes nationaux étaient pour la plupart, d'anciens militaires, ils appartenaient, sauf de rares exceptions, à l'opinion républicaine ; c'était le cas, notamment, des officiers du XIV⁰ arrondissement. Portant le même uniforme que les fédérés, ils furent munis d'un brassard *au timbre de l'état-major*, afin d'éviter des malentendus et des conflits avec la troupe.

Ils avaient pour mission de réorganiser, dans leurs arrondissements respectifs, les services administratifs, en attendant la réinstallation des municipalités.

Ils devaient en outre réorganiser la garde nationale, non pas seulement avec les citoyens qui avaient pu se soustraire au service de la Commune, mais aussi avec ceux qui avaient été incorporés *dans les bataillons fédérés, par nécessité, entraînement ou contrainte.* Non seulement tous ces hommes devaient être accueillis avec *une indulgence entière*, mais ils devaient être mis en solde jusqu'à la reprise du travail ; tout cela a été fait au XIV⁰ arrondissement, sous la réserve qu'au lieu d'argent, qu'on n'avait pas, ce sont des bons de vivres, pain et viande, qui ont été donnés aux gardes nécessiteux et à leurs familles.

En résumé donc, les gardes nationaux à brassards avaient une mission des plus honorables à remplir, purement *locale et surtout administrative ;* leur action devait être *toute conciliatrice.* Voir à ce sujet l'ordre de service de M. DELAMARCHE, la plaidoirie de Mᵉ A. LEDRU sur cette partie, les dépositions HÉLIGON, CROCHET, ROGGES, FINSTERWALD, RICARD, ANCELET, etc., et aux documents ce qui est relatif aux distributions de vivres, page 224 à 228.

Le deuxième élément était formé par des agents de police en bourgeois munis de brassards *au timbre de la préfecture de police.*

Ces agents, restés à Paris après le 18 mars, savaient parfaitement ce qui s'y était passé pendant la Commune, *ce qu'ignoraient absolument les gardes nationaux réfugiés à Versailles au lendemain du mouvement.*

Ce sont ces agents qui, en exécution de leurs devoirs professionnels, que nous n'avons pas à apprécier ici, étaient à la disposition des troupes, pour le service de police.

Il n'y eut jamais *nulle relation, nulle connexion,* du moins au XIV⁰ arrondissement, entre ce service et celui des gardes nationaux. Bien loin de là, car ce sont ces agents qui surveillèrent M. DELAMARCHE et son détachement le 23 mai. — Voir la déposition FRIBOURG, — c'est l'un d'eux qui vint arrêter M. DELAMARCHE à la mairie, le 9 juin. — Voir la déposition FINSTERWALD.

(1) M. GOULLÉ est l'un des agents que le *Cri du Peuple* envoya dans le XIV⁰ arrondissement, pour recueillir des plaintes et des témoignages contre M. DELAMARCHE. Il fut aussi l'un des orateurs d'une réunion publique tenue le 1ᵉʳ décembre, organisée à l'effet de provoquer des dénonciations contre M. DELAMARCHE. Voir plaidoirie de Mᵉ LEDRU, page 119, et pièces justificatives, page 232.

martiale des Fourneaux, et sur le rôle qu'a joué dans cette Cour martiale, M. Delamarche.

Goullé. — J'ai passé plusieurs jours à faire une enquête dans le XIV⁰ arrondissement, et j'ai tout d'abord constaté une chose singulière: c'est l'influence qu'a M. Delamarche dans cette partie de Paris. Je me suis heurté à des gens qui ne voulaient pas parler. D'autres ont consenti à répondre, mais en faisant cette restriction: « Ne me nommez pas; ma situation en serait compromise. » Le nom de M. Delamarche fait encore aujourd'hui une impression de crainte. Voici quelques-uns des faits qui m'ont été racontés. Un nommé Wolff était employé à la mairie à inscrire les décès, les mariages et les naissances. Le 25 mai, il reçut un billet signé Delamarche le convoquant à la mairie pour rendre ses comptes. Wolff y alla, il trouva le sieur Héligon qui le mit en état d'arrestation. On entend souvent dans le XIV⁰ arrondissement joindre ces deux noms: Héligon l'ancien membre de l'Internationale passé à la réaction, et Delamarche, républicain exagéré pendant le siège et revenu de Versailles allié des fusilleurs.

Le Président. — Pouvez-vous préciser. Vous dites que M. Wolff était employé à la mairie et qu'il fut appelé à rendre des comptes. A quelle époque?

Goullé. — Le 25 mai. J'ajouterai que Mᵐᵉ Wolff, inquiète de son mari, se mit à sa recherche, elle voulut voir M. Delamarche pour obtenir sa signature. Elle avait entendu dire que c'était un personnage influent. Après plusieurs démarches, elle n'obtint que cette réponse: « Je ne puis rien dans l'affaire! » Comme cette femme s'indignait, un lieutenant ou sous-lieutenant vint à côté d'elle, il se nommait MOLLARD: « Madame, lui dit-il, taisez-vous, soyez prudente: ici ce n'est pas la terreur rouge, mais la terreur blanche (1)! »

Me LAGUERRE. — M. GOULLÉ a-t-il entendu dire quelque chose du sieur CARTIGNY?

GOULLÉ. — M. CARTIGNY a vu M. DELAMARCHE, le 23 mai, accompagnant un détachement versaillais, il avait le revolver au poing. Ce fait, que je connaissais déjà, a été affirmé devant une réunion publique de 1,500 citoyens, tenue cette semaine (2).

Je voudrais citer encore un fait. Rue Boulard, il y avait une espèce de bureau où l'on appelait les gardes nationaux nécessiteux, ceci après que les versaillais étaient arrivés. Les gens naïfs venaient. On inscrivait leurs noms sur des listes que l'on envoyait à la mairie. Elles revenaient le lendemain avec des marques à l'encre rouge. Les malheureux ainsi désignés étaient arrêtés (3).

M. LE PRÉSIDENT. — Vous avez entendu dire cela, monsieur?

(1) Mme WOLFF avait été signifiée comme témoin; il est à remarquer qu'elle ne s'est pas présentée à l'audience, pas plus que MM. CARTIGNY et LAPINOT dont il est parlé plus loin et qu'il eût été intéressant d'entendre à la barre du tribunal sur tout cela, au lieu et place d'un rédacteur du *Cri du Peuple*.

Ces trois personnes sont inconnues à M. DELAMARCHE. LAPINOT n'a laissé aucun souvenir de lui parmi les volontaires. Il ne figure pas sur la liste des volontaires prisonniers à Versailles. Voir pièces justificatives, page 222.

(2) Voir sur cette réunion, qui a tourné à la confusion des organisateurs, plaidoirie de Me A. LEDRU, pages 119-120.

(3) Les registres sans marques ni croix rouges ont été produits à l'audience. Voir à ce sujet plaidoirie de Me A. LEDRU, page 111 et déposition ROCHEX, qui tenait ces registres, sur interpellation de Me LAGUERRE, page 47.

Goullé. — Oui, formellement. Encore un autre fait : un nommé Lapirot, qui avait été parmi les volontaires de Montrouge, fut fait prisonnier avec ce bataillon, le 4 avril, au plateau de Châtillon. Il était sous les ordres de l'héroïque Duval. Les anciens volontaires furent donc parmi les premiers prisonniers qui arrivèrent à Versailles. Delamarche se présenta accompagné du fameux colonel Gaillard, demanda que ceux qui avaient servi sous ses ordres, dans le XIVe arrondissement sortissent des rangs. Quelques imprudents s'avancèrent. Ces citoyens-là, on ne les a jamais revus, ni à la déportation ni à Paris. On a toujours cru et on croit encore qu'ils ont été fusillés (1).

Me A. Ledru. — Vous êtes rédacteur du *Cri du Peuple?*

Goullé. — Oui, monsieur. (*Sourires dans l'auditoire.*)

Alphonse Humbert, ancien déporté, journaliste.

M. le Président. — Que savez-vous de l'existence de la Cour martiale du boulevard des Fourneaux et du rôle qu'y a joué M. Delamarche?

A. Humbert. — M. Delamarche, en 1881, faisait partie d'un comité qui combattait ma candidature, lorsque cette accusation a été produite contre lui, il

(1) Voir sur les prisonniers de Versailles dépositions de Sébourque, l'un d'eux, et de Mme Mettat et aux documents, correspondance de M. Delamarche avec ces prisonniers et leurs familles, ainsi que la liste des prisonniers au nombre de plus de 40 et qui tous ont été renvoyés en ordonnance de non-lieu, pages 219 à 222.

avait peu de sympathie dans la population ouvrière de Montrouge. Il a eu une polémique avec l'*Intransigeant* et l'impression qui me reste à cet égard est que M. DELAMARCHE se défendait peu.

M. LE PRÉSIDENT. — Avez-vous entendu préciser quelques faits?

HUMBERT. — Oui, il s'agit de faits qui ont été portés à la tribune des réunions publiques, de beaucoup de faits très différents les uns des autres: je les ai oubliés. Je puis dire cependant de M. DELAMARCHE qu'il s'était acquis une popularité antipathique. A la suite de la polémique engagée avec l'*Intransigeant*, il me semble que si M. DELAMARCHE avait eu des faits à réfuter, il n'y aurait pas manqué (1).

M⁰ LAGUERRE. — Le journal l'*Intransigeant* avait en 1881, publié contre M. DELAMARCHE les mêmes attaques que le journal le *Cri du Peuple*. Vous étiez rédacteur de l'*Intransigeant*, il n'a pas été poursuivi par M. DELAMARCHE?

HUMBERT. — Non.

M⁰ LAGUERRE. — Il y avait notamment, dans les articles de l'*Intransigeant*, un passage le désignant comme chef de la prévôté en 1871.

HUMBERT. — Je ne me rappelle pas; mais je sais que les accusations sont les mêmes.

M⁰ LAGUERRE. — Je désire que le témoin fasse con-

(1) Les souvenirs du témoin sont en effet assez effacés. Voir aux documents page 238, les cinq lettres que M. DELAMARCHE écrivit à l'*Intransigeant*, du 21 décembre 1881 au 5 janvier 1882, la dernière par ministère d'huissier. A ce sujet, voir aussi plaidoirie de M⁰ A. LEBAU, page 96.

naître ce qu'il sait concernant les Cours martiales en général.

HUMBERT. — Les Cours martiales tuaient à peu près tout ce qui se présentait devant elles, il n'y a que de très rares survivants qui ont été sauvés par le hasard; il est donc assez difficile de préciser quel fut leur fonctionnement. J'ai eu l'occasion de rencontrer un homme qui a été bien placé pour me fournir des renseignements. Il m'a raconté les faits les plus épouvantables.

Voici un fait relatif à la Cour martiale du Luxembourg:

L'affaire des pompiers...

A ce point de sa déposition, M. le Président interrompt le citoyen HUMBERT.

« Ces faits, dit-il, sont étrangers au procès. »

Mᵉ LAGUERRE. — M. PELLETAN a fait connaître à Messieurs les jurés quel était le rôle des officiers de l'état-major de la garde nationale, je désire que M. HUMBERT veuille bien s'expliquer sur les faits particuliers. J'ai posé à M. PELLETAN une série de questions sur le fonctionnement des Cours martiales, il me paraît impossible que vous puissiez sur les mêmes faits refuser un témoignage.

En présence du refus de M. le Président de laisser continuer la déposition du citoyen HUMBERT, sur des faits étrangers au procès, Mᵉ LAGUERRE dépose des conclusions.

La Cour en délibère en chambre du conseil.

Elle revient avec un arrêt déclarant que la

question relative à la Cour martiale du Luxembourg et aux Cours martiales en général, ne portant pas sur le fait litigieux, ne sera pas posée.

M⁰ Laguerre.— Je n'ai pas parlé de la Cour du Luxembourg.

M. le Président. — L'arrêt est rendu.

Puis s'adressant à M. Humbert.

— Avez-vous quelque chose à dire sur la Cour martiale du boulevard des Fourneaux et sur le rôle qu'y aurait joué M. Delamarche?

Le Témoin. — Non, monsieur.

Le Président. — Veuillez vous retirer.

Refauvelet, ancien marchand de vins.

Arrêté le 24 mai, j'ai été conduit au boulevard des Fourneaux; je n'ai eu affaire qu'à un brigadier de gendarmerie. Je ne connais pas M. Delamarche, je ne sais pas si c'était lui. (*Rires dans l'auditoire.*)

On m'avait accusé d'avoir voulu faire sauter la mairie; sur trois que nous étions, deux ont été fusillés, j'ai échappé.

Dourlant, docteur-médecin.

Je ne sais rien en ce qui concerne spécialement M. Delamarche ou la rue des Fourneaux. En mai, j'étais à l'ambulance de la rue du Temple, je ne sais donc que des faits généraux.

M. le Président. — La Cour vient de décider qu'elle n'entendrait plus les dépositions sur des faits généraux étrangers à la cause.

La liste des témoins cités à la requête du *Cri du Peuple* étant épuisée, l'audience est suspendue pendant un quart d'heure.

Témoins cités par M. Delamarche

A la reprise, on entend les vingt-trois témoins cités par M. Delamarche qui tous ont répondu à l'appel de leurs noms.

M. Sébourque, typographe, ex-prisonnier à Versailles et aux pontons, ex-fourrier aux volontaires.

Au 18 mars, j'étais l'antagoniste déclaré de M. Delamarche qui a refusé de servir la Commune.

Mais je dois déclarer que sa conduite n'a jamais cessé d'être très digne à notre égard ; j'ai été arrêté le 4 avril au plateau de Châtillon ; M. Delamarche est venu nous voir en prison à Versailles pour nous secourir.

Il m'a fait rendre une petite somme qui m'avait été prise ; il a donné de nos nouvelles à nos familles. Je le sais, car quelques jours après, nous l'apprenions par les lettres que nous recevions.

Dès qu'il a appris l'arrestation de plusieurs d'entre nous, il a fait des démarches pour obtenir leur libération. Il n'y a pas eu de réunion du bataillon des volontaires le 18 mars ; c'est le 13 ou 14 qu'elle a eu lieu.

Mme Mettau, marchande des quatre saisons.

Le témoin est visiblement troublé; elle dit:

Je suis allée à Versailles voir M. Delamarche avec plusieurs autres femmes, pour avoir des nouvelles de nos enfants ou de nos maris pris à Châtillon.

M. Delamarche s'est employé pour nous; il m'a fait voir mon fils blessé à l'hôpital. Je n'oublierai jamais que c'est à lui que je dois de l'avoir embrassé avant sa mort.

M. le Président. — A quel moment votre fils est-il mort, est-ce avant ou après la rentrée des troupes?

R. — Il est mort à Versailles au mois de mai (1).

M. Achille Baudouin, ancien fabricant, ancien conseiller municipal.

M. Delamarche a fait preuve de beaucoup d'humanité; il a fait ce qu'il a pu en faveur des fédérés. Pour cela, M. Delamarche, après 1871, était suspecté par la municipalité et l'autorité; on le considérait comme communaliste et il avait à en souffrir à son administration.

J'ai fait une démarche avec lui auprès du préfet, M. Say, pour rendre témoignage de son humanité et de son attachement à l'ordre.

Je suis allé avec lui chez le préfet de police pour

---

(1) Mme Mettau avait ses deux fils prisonniers et blessés. Ils étaient soignés dans la salle des consignés à l'hôpital Saint-Louis à Versailles. L'un des deux s'est promptement rétabli, l'autre a succombé aux suites de ses blessures.

essayer d'empêcher l'expulsion hors du territoire de deux personnes, dont le nom flamand m'échappe.

M⁰ A. LEDRU. — N'est-ce pas ROGGEN?

R. — Oui, c'est cela je crois, ROGGEN.

M. Faivre, dentiste, ex-capitaine de la garde nationale.

Je puis affirmer que M. DELAMARCHE n'était pas prévôt aux Fourneaux; c'était un lieutenant de gendarmerie. Je le sais, car je suis allé réclamer plusieurs prisonniers à cet officier. Je suis parti de Versailles le lundi 22 mai avec M. DELAMARCHE, vers onze heures; nous sommes arrivés à l'École militaire vers quatre ou cinq heures et nous y avons couché.

Le 23 mai nous sommes allés vers la chaussée du Maine et j'ai pu rentrer chez moi.

Le lendemain 24, j'ai rejoint M. DELAMARCHE à la mairie; à partir de ce moment, il s'est occupé de reconstituer la garde nationale, du service d'ordre et de distributions de secours aux gardes nationaux nécessiteux.

M. Lemonnier, propriétaire, ancien fourrier d'ordre aux volontaires.

M. LE PRÉSIDENT. — Veuillez nous dire ce que vous savez des faits imputés à M. DELAMARCHE.

R. — Le lundi 22 mai nous avons quitté Versailles vers dix heures et demie, nous sommes entrés à Paris par la porte d'Auteuil et nous nous sommes rendus au château de la Muette, où était provisoirement installé l'état-major de la garde nationale, nous sommes en-suite partis pour l'École militaire où nous avons couché.

Le lendemain matin, mardi, nous nous sommes diri-gés vers le XIV arrondissement, mais nous n'avons pu dépasser le pont du chemin de fer sur la chaussée du Maine et nous avons dû demeurer toute la journée au boulevard des Fourneaux. Dans le courant de cette journée, j'ai accompagné M. DELAMARCHE à la prévôté en question, où nous avons été reçus par un officier de gendarmerie qui commandait cette prévôté.

M. DELAMARCHE a fait sortir, sur un mot à lui donné par le général LEVASSOR-SORVAL, les sieurs ROGGEN père et fils, qui étaient parmi les prisonniers. Nous avons encore couché le soir à l'École militaire et le lendemain matin vers six heures, nous nous sommes de nouveau dirigés vers le XIV arrondisse-ment; la chaussée du Maine étant alors libre, nous avons pu nous installer à la mairie.

J'affirme que pendant ces deux jours je n'ai pas quitté un instant M. DELAMARCHE et que je ne l'ai jamais vu s'immiscer en quoi que ce soit dans les affaires de la Cour martiale.

M. Fribourg, journaliste, ancien sous-officier aux volontaires de Montrouge.

M. LE PRÉSIDENT. — Dites ce que vous savez de l'affaire?

LE TÉMOIN. — Je connaissais M. DELAMARCHE depuis 1852, et la droiture de son caractère, dans toutes les circonstances où il s'était trouvé ne s'est jamais démentie. C'est pourquoi j'ai tenu à servir sous ses ordres pendant la guerre.

Pendant toute la durée de son commandement, je l'ai vu sans cesse préoccupé du bien-être des hommes placés sous son autorité. Ayant refusé de s'associer au mouvement du 18 mars, il rejoignit à Versailles l'administration de l'octroi dont il faisait partie.

Le dimanche 21 mai, nous étions au château du Bel-Air, près de Bièvre; c'est là que nous avons appris l'entrée des troupes dans Paris.

Le 22 mai, nous avons quitté Versailles vers dix heures et-demie, nous sommes entrés à Paris par la porte d'Auteuil. Vers deux heures, nous étions à la Muette. Nous avons traversé Passy et Grenelle où nous avons remarqué l'absence de toute organisation municipale.

Nous étions sans armes.

Le soir, nous sommes arrivés à l'École militaire vers cinq heures et nous y avons couché. Le 23 au matin, nous nous sommes dirigés vers le XIVe arrondissement, pour y réorganiser, suivant les ordres reçus, les services administratifs, mais nous n'avons pu y pénétrer. Nous avons dû stationner sur le boulevard des Fourneaux où depuis la veille fonctionnait une prévôté.

Nous sommes restés toute la journée chez un marchand de vins tenant hôtel garni.

Nous avions si peu d'autorité sur les prisonniers et les opérations militaires, que l'on nous faisait épier, et comme les fusillades que l'on entendait de temps à autre nous faisaient tressauter et nous arrachaient de pénibles réflexions, on aposta dans la salle où nous nous tenions, avec des officiers de l'armée, des hommes en civils, des agents de police simulant l'ivresse, pour nous surveiller.

C'est dans ces circonstances que DELAMARCHE apprit que deux de ses volontaires, ROGGEN père et fils, étaient à la Cour martiale parmi les prisonniers.

Il courut aussitôt pour les faire relâcher et ce n'est qu'après des démarches multiples, ce qui prouve encore son peu d'autorité, qu'il obtint du général LEVASSOR-SORVAL, l'ordre écrit de leur élargissement sous sa responsabilité à lui, DELAMARCHE.

J'ai retrouvé ce papier et je l'ai remis à DELAMARCHE. Je ne l'ai pas quitté et c'est pour sauver la vie à ces deux hommes, qu'il est allé cette seule et unique fois à la prévôté. Le soir nous avons encore couché à l'École militaire et le lendemain 24, à six heures du matin, DELAMARCHE était à la mairie, où il s'occupa aussitôt avec le maire, des services administratifs. Il groupa les gardes nationaux pour faire un service d'ordre. Il s'occupa des prisonniers pour les faire relaxer et il se montra si large dans cette partie de son rôle, il fut si généreux de certificats, qu'il devint suspect et eût à subir de ce chef de nombreux désagréments.

Il ne faut d'ailleurs pas connaître DELAMARCHE pour le croire capable de commettre les actes que le *Cri du Peuple* lui reproche.

M. Lespinasse, fondeur en caractères, capitaine adjudant-major au 26e régiment territorial.

Je suis parti de Versailles avec M. DELAMARCHE le lundi 22 mai vers dix heures et demie du matin, nous sommes arrivés à la Muette, vers deux heures de l'après-midi, d'après les ordres reçus, nous avons été envoyés à l'École militaire où nous sommes arrivés vers cinq heures et où nous avons couché.

Le lendemain 23, vers cinq heures du matin, nous sommes allés boulevard des Fourneaux où nous sommes restés toute la journée, ne pouvant aller plus loin, en nous mettant à la disposition du général LE-VASSOR-SORVAL.

Il y avait une prévôté installée, sous les ordres d'un lieutenant de gendarmerie, sur le boulevard. Nous sommes retournés coucher à l'École militaire.

Le mercredi 24, nous sommes partis à quatre heures du matin pour la mairie du XIVe arrondissement. Je n'ai vu dans ces deux journées, M. DELAMARCHE présider ni s'occuper d'aucune prévôté, ne l'ayant pas quitté un seul instant.

En qualité d'adjudant de bataillon, je suis allé dans la journée du 24, le matin et le soir à la prévôté du boulevard des Fourneaux, remettre des listes pour faire sortir les malheureux qui se trouvaient là; ces listes étaient signées par M. DELAMARCHE et par M. HÉLIGON, maire du XIVe arrondissement.

En une seule fois, j'en ai fait ainsi sortir une trentaine. Le nommé VANSART m'a remplacé dans ce service les jours suivants.

M. Roggen, ex-fourrier aux volontaires de Montrouge (guerre et Commune) exilé après les événements.

M. LE PRÉSIDENT. — Dites ce que vous savez.

R. — J'ai été arrêté le 23 mai à six heures du matin avec mon fils et conduit à la prévôté des Fourneaux, où j'ai été reçu par un brigadier de gendarmerie; réuni aux prisonniers, j'attendais ce que l'on allait décider de nous.

Vers trois heures, M. Delamarche, accompagné de MM. Noizet, Lemonnier et Chaboud-Mollard, entra et s'adressant à mon fils et à moi, nous demanda comment il se faisait que nous étions là. Je répondis que nous avions été dénoncés.

M. Delamarche alla alors trouver le général Levassor-Sorval et revint bientôt avec un ordre d'élargissement *sous sa responsabilité personnelle.*

Il le présenta au chef de la prévôté, un lieutenant de gendarmerie, qui nous laissa partir.

M. Delamarche nous donna rendez-vous pour le lendemain à la mairie où je me rendis à huit heures et où je fus employé à distribuer des bons de vivres aux gardes nationaux nécessiteux.

Me Laguerre. — Le témoin a-t-il fait partie de la Commune?

R. — Oui!

Me Laguerre. — N'avez-vous pas participé à l'arrestation d'un commissaire de police le 18 mars?

R. — Non, j'étais au rapport au moment de son arrestation.

Me A. Ledru. — Garnier a dit qu'un fourrier et un sergent-major, relâchés par M. Delamarche, étaient venus à la barricade des Quatre-Chemins. M. Roggen a-t-il été à cette barricade?

Roggen. — Non, je suis rentré chez moi après ma mise en liberté.

Me A. Ledru prie M. le Président de rappeler Garnier.

GARNIER s'approche de la barre.

Me A. LEDRU. — GARNIER reconnaît-il M. ROGGEN?

GARNIER. — Je connais le témoin, mais ce n'est pas lui qui est venu à la barricade des Quatre Chemins; c'était un sergent-major accompagné d'un sergent-fourrier.

ROGGEN. — J'étais sergent-fourrier et mon fils sergent-major.

GARNIER. — J'ai vu M. ROGGEN au poste de la mairie le 17 juin. Il était accompagné d'un autre, et tous deux se réclamaient du colonel DELAMARCHE. Le brigadier leur a répondu: « C'est lui qui a donné ordre de vous arrêter. »

ROGGEN. — Il est vrai que, ayant été arrêté pour la seconde fois le 17 juin, avec mon fils, nous avons été conduits au poste. Nous nous sommes réclamés du colonel DELAMARCHE, et un sergent de ville nous a dit: Tous les prisonniers invoquent le nom du colonel DELAMARCHE. Mais personne ne nous a dit que c'était lui qui nous avait fait arrêter. Ce n'était pas vrai. Quelques jours après, M. DELAMARCHE fit encore des démarches et nous fit mettre de nouveau en liberté.

GARNIER. — A quel bataillon appartenait M. ROGGEN?

ROGGEN. — Au 103e d'abord et aux volontaires ensuite.

GARNIER. — Ah!

Sur l'invitation de M. le Président, GARNIER se retire.

Me LAGUERRE, *s'adressant à* ROGGEN. — Et vous

étiez libre, alors que vos compagnons d'armes étaient en exil ou déportés?

R. — Oui, pendant huit mois et après trois arrestations sur dénonciations, mais, poursuivi de nouveau, je fus exilé pour avoir participé à la fondation de la Bibliothèque.

Mᵉ Laguerre. — Le témoin n'est-il pas d'origine étrangère?

R. — Oui, mon père était Belge, mais avait servi la France, et si j'avais eu les moyens pour faire valoir mes droits, je serais Français. (*Marques d'assentiment du président.*)

Mᵉ Laguerre, *rappelant le témoin qui se retire.* — N'avez-vous pas connaissance que des croix rouges étaient portées en regard de certains noms sur les registres de secours.

R. — C'est inexact.

Mᵉ Laguerre. — Comment le savez-vous?

R. — Je le sais bien, c'est moi qui tenais les registres.

M. Louis Roty, ex-caporal aux volontaires de Montrouge (guerre et Commune), prisonnier à la prévôté des Fourneaux et sur les pontons.

M. le Président. — Dites ce que vous savez.

Le Témoin. — J'ai été arrêté le 23 mai 1871, vers cinq heures du matin, conduit au boulevard des Fourneaux, j'y suis resté jusqu'à sept heures du soir. Vers les deux heures de l'après-midi, j'ai vu entrer M. Delamarche accompagné de deux autres personnes, il n'est pas resté plus de dix minutes, il a fait mettre en liberté

MM. Roggen père et fils est parti avec eux et n'a plus
reparu aux Fourneaux. J'ajoute qu'à cet égard, aucun
doute n'est possible, placés comme nous l'étions, sous
le hangar, nul ne pouvait entrer ou sortir sans être vu.

C'était un lieutenant de gendarmerie qui interrogeait
les prisonniers et qui est resté là toute la journée.

Il est absolument certain que M. Delamarche n'y a
pas été le lendemain ni les jours suivants, attendu que
ma mère s'est présentée à la mairie du XIVe arrondissement, qu'elle s'est adressée à lui dans mon intérêt
et que si M. Delamarche n'a rien pu faire pour moi,
c'est que j'étais déjà à Versailles.

J'ai été envoyé sur les pontons où je suis resté huit
mois, six mois à bord de l'*Aube,* et deux mois à bord
de l'*Austerlitz.* Je n'ai jamais entendu dire de mal de
M. Delamarche, bien au contraire, je me souviens
même très bien que beaucoup de nos camarades disaient:

« Je ne resterai pas longtemps, j'espère, car M. Delamarche s'occupe pour moi. »

M. Jean Pouyet, coutelier.

M. le Président. — Connaissiez-vous M. Delamarche?

R. — J'ai connu M. Delamarche comme un des
fondateurs de la Société coopérative de consommation
dans le XIIIe arrondissement.

M. le Président. — Dites ce que vous savez.

R. — Vers la fin du mois de mai 1871, j'ai couru le
plus grand danger d'être arrêté et pis encore; un
homme, ayant pris un pouvoir insurrectionnel, avait

élu domicile dans l'établissement national des Gobelins; à l'approche des troupes, après l'incendie de cet établissement, cet homme avait disparu, mais pour mon malheur, avait laissé son nom, presque semblable au mien. Comme j'habitais le quartier depuis quinze ans, les recherches devaient fatalement conduire à mon domicile.

M. LE PRÉSIDENT. — Vous avez été arrêté?

R. — Non, monsieur, mais je le dois aux démarches que je faisais pour chercher mon fils, qui était dans l'armée de Paris.

C'est en rentrant que j'ai appris ce qui me menaçait. J'ai aussitôt prié M. DELAMARCHE, commandant supérieur des gardes nationales du XIVᵉ arrondissement, de venir avec moi à la prévôté des Gobelins, ce qu'il a fait de suite, afin de m'aider à constater mon identité.

M. LE PRÉSIDENT. — La prévôté des Gobelins n'est pas en cause.

R. — Pardon, c'était à cette prévôté du XIIIᵉ arrondissement que je devais faire les démarches.

Malgré ces constatations je devais pendant plusieurs mois encore subir de nombreuses perquisitions, de grands ennuis. C'est par de nouvelles démarches faites par M. DELAMARCHE à la préfecture de police que j'ai dû de ne plus être inquiété.

Mᵉ A. LEDRU. — N'avez-vous pas entendu dire par des personnes venant de la Nouvelle-Calédonie que des déportés avaient été malveillants pour M. DELAMARCHE?

R. — En effet, un déporté accusait M. DELAMARCHE; ses camarades lui reprochèrent d'attaquer celui auquel il devait la réduction de sa peine.

M⁰ A. LEDRU. — Connaissez-vous le nom de ce déporté?

R. — KAYL.

M. Gourlot, chef de dépôt des omnibus, boulevard de Vaugirard, ancien boulevard des Fourneaux.

Je ne connaissais pas M. DELAMARCHE avant ce procès; à la rentrée des troupes, j'en ai logé beaucoup dans le dépôt, avec le général LEVASSOR-SORVAL.

Du 22 au 25 mai, j'ai eu fréquemment l'occasion d'aller à la prévôté installée sur le boulevard; j'ai toujours constaté que le prévôt était un lieutenant de gendarmerie.

Jamais je n'ai vu M. DELAMARCHE.

Antoine Cyprien, employé.

Je ne connaissais pas M. DELAMARCHE avant le procès.

Lors de la rentrée des troupes à Paris, j'étais gardien de l'immeuble où a été installée la prévôté, boulevard des Fourneaux; j'y ai toujours vu un lieutenant de gendarmerie, toujours le même.

M⁰ LAGUERRE. — En quel endroit, dans l'immeuble, se tenaient les prisonniers?

R. — Sous un hangar, à droite en entrant.

M⁰ LAGUERRE. — C'était à gauche?

R. — Non, monsieur, vous vous trompez, c'était a droite.

M. LE PRÉSIDENT. — Je prie MM. les jurés de prendre acte de cette déclaration.

Me Laguerre. — Où fusillait-on?

R. — Dans le fond de la cour, à droite, dans le petit couloir.

Me A. Ledru. — Où était le bureau du prévôt?

R. — Dans le bureau de M. Degoff, à gauche dans la cour, où il y a un petit perron.

Me A. Ledru. — Combien de marches y a-t-il pour y monter?

R. — Trois ou quatre, je ne pourrais préciser.

M. le Président. — Témoin, est-ce bien tout ce que vous savez?

R. — J'ajoute que j'ai vu sur un journal, le *Cri du Peuple*, que M. Delamarche faisait jeter les prisonniers dans les sous-sols; c'est aussi faux que la présence de M. Delamarche à la prévôté.

Me Laguerre. — Comment le savez-vous?

R. — Je le sais, j'avais les clefs dans ma poche et je gardais les marchandises qui s'y trouvaient.

M. Halteau, menuisier.

M. le Président. — Dites ce que vous savez de la Cour martiale du boulevard des Fourneaux et de M. Delamarche.

R. — Je ne connaissais pas M. Delamarche avant le procès. J'étais gardien de l'immeuble où était la prévôté, pour la maison Degoff; le 22 mai, la prévôté s'est installée, j'étais à la disposition du commandant de la prévôté, qui était un officier de gendarmerie, lequel a fait exécuter jusqu'au dernier jour les ordres de son supérieur, un général, dont j'ignore le nom.

J'affirme que je n'ai jamais vu d'autres personnes

donner des ordres que cet officier de gendarmerie et
que pas un prisonnier n'a été mis dans les sous-sols.
Plusieurs officiers de la ligne sont venus dans les bureaux où se tenait habituellement l'officier de gendarmerie, aucun d'eux n'a donné d'ordres devant moi.

Quant à M. Delamarche, j'ignore s'il est venu ou non
ne le connaissant pas.

M. le Président. — L'officier de gendarmerie était-
il toujours seul à s'occuper des prisonniers?

R. — Oui, monsieur le président.

Me Laguerre. — Comment le savez-vous?

R. — J'étais à son service et j'avais constamment
affaire avec lui. J'ai vu, quelquefois, un sous-officier
écrire à côté de lui.

Me Laguerre. — Combien a-t-on fusillé d'hommes?

R. — Il y en a eu trente-quatre du lundi au jeudi.

Me Laguerre. — Comment appelle-t-on, dans le
quartier, la maison où était la prévôté?

R. — La maison Firmin-Didot.

Me Laguerre. — Pas autrement?

R. — La maison Degoff, ou, comme le propriétaire
a changé et le nom du boulevard, c'est le boulevard
de Vaugirard n° 8.

Me Laguerre. — Non, ce n'est pas cela, ne l'appelle-t-on pas l'*Aballoir*, depuis les événements?

R. — Non, monsieur, je n'ai jamais entendu dire
cela dans le quartier (1).

____

(1) Ce qui a pu induire en erreur Me Laguerre, c'est qu'en effet il existe
dans le voisinage, un aballoir municipal désigné sous le nom d'aballoir des
Fourneaux.

M. Eyguière, pharmacien.

Le 23 mai 1871, entre six et sept heures du matin, j'ai été conduit à la prévôté, boulevard de Vaugirard, n° 8, ancien boulevard des Fourneaux, par des militaires du 114e de marche, qui venaient d'entrer dans ma pharmacie, où se trouvait encore un blessé.

J'affirme sur l'honneur ne point y avoir vu M. Dela-MARCHE.

Héligon, ancien maire du XIVe arrondissement.

M. LE PRÉSIDENT. — Dites ce que vous savez?

R. — Je connaissais DELAMARCHE avant tous les événements; c'est un ami de vingt ans.

Lorsque j'arrivai au XIVe arrondissement comme adjoint, je le trouvai capitaine au 103e bataillon de la garde nationale.

Connaissant son esprit organisateur, je le proposai au maire, M. ASSELINE, qui le chargea de constituer le bataillon des volontaires. DELAMARCHE se rendit aussitôt aux avant-postes avec ce bataillon; à la fin de l'année, il fût nommé lieutenant-colonel d'un régiment de Paris; c'est avec ce régiment qu'il se trouva à Montretout et à la suite de cette affaire, il fut décoré sur la proposition du général SUSBIELLE.

Le 12 mars 1871, il est venu avec moi pour dissoudre un rassemblement de gardes nationaux, chaussée du Maine, 91.

J'ai retrouvé DELAMARCHE à Versailles, il avait quitté Paris, à la suite de menaces, le 18 mars.

C'est sur ma proposition qu'il a été nommé commandant supérieur du XIVe arrondissement.

Il est parti de Versailles le lundi 22 mai, vers onze heures. Il était convenu qu'en attendant mon arrivée, il prendrait les mesures nécessaires pour organiser les secours aux nécessiteux, et que nous ferions tous nos efforts pour empêcher *les exécutions sommaires.*

Nous connaissions les difficultés de la situation.

Le maire de Paris nous avait dit : « *Vous allez servir de tampon entre l'armée et la population.* »

J'arrivai à la mairie du XIVe arrondissement le 24 mai vers dix heures du matin, j'y trouvai DELAMARCHE avec des officiers de la garde nationale, organisant son service. Je donnai immédiatement l'ordre de distribuer des secours ; DELAMARCHE se chargea d'organiser le service en ce qui concernait les gardes nationaux.

Vers une heure, le directeur des Enfants-Assistés m'apprit que les fédérés, menacés d'être tournés par les soldats, voulaient incendier l'hospice ; déjà en face le couvent du Bon-Pasteur brûlait et la poudrière du Luxembourg venait de sauter.

Je pris aussitôt les mesures pour secourir le personnel, le loger, ainsi que les malheureux enfants ; en tout 600 personnes environ.

Je chargeai le colonel DELAMARCHE des détails de cette opération qu'il mena avec beaucoup de zèle, secondé par ses gardes nationaux. On logea tout ce monde chez les frères maristes, à l'école des sœurs, place de la mairie et au château Couësnon (1). Je mis à la disposition

(1) Voir aux pièces justificatives, lettre du directeur de l'administration de l'Assistance publique, page 216.

du directeur les vivres qui avaient été découverts dans les magasins abandonnés par la Commune.

M⁰ A. Ledru. — Ne vous êtes-vous pas occupé aussi d'un dépôt de poudre, rue Thibaud?

R. — Oui. M. l'abbé Carton, curé de Saint-Pierre de Montrouge, était venu me signaler que la Commune avait transformé en poudrière la vieille église.

Le colonel Delamarche, avisé d'autre part, faisait garder l'immeuble. Je l'invitai à le visiter, ce qu'il fit avec une escouade de pompiers, dont le chef, un capitaine, déclara qu'il ne pouvait rien faire, que l'explosion pouvait se produire d'un moment à l'autre, de nombreux barils de poudre et des touries de pétrole étant reliés par des fils électriques. Le colonel put enfin faire couper ces fils et éviter une explosion qui, si elle s'était produite, aurait pu amener la ruine d'une partie du quartier, construit sur les catacombes.

M⁰ Laguerre. — Est-il à votre connaissance que M. Delamarche ait rempli les fonctions de prévôt au boulevard des Fourneaux?

R. — Jamais! Il ne faut pas connaître les règlements militaires pour admettre qu'un général ayant sa brigade ou sa division organisée, fasse remplir une fonction semblable par un officier de la garde nationale.

M. le Président. — C'est une appréciation.

M⁰ Laguerre. — Mais, le colonel Vabre était cependant de la garde nationale?

R. — Non! Le colonel Vabre était un fonctionnaire; depuis le 22 janvier, il était commandant militaire de l'Hôtel de ville.

Le colonel Delamarche, dans la circonstance, était

plutôt un adjoint au maire qu'un chef militaire. Il m'a aidé très intelligemment à organiser les secours aux nécessiteux. Cette distribution a commencé dès le 24 mai, et le XIVe arrondissement a reçu le tiers des secours qui ont été donnés dans tout Paris, du 24 mai au 1er juillet (1).

Le colonel DELAMARCHE ne m'a pas quitté un instant à partir du 24 mai; il couchait comme moi à la mairie.

M. LE PRÉSIDENT. — Vous couchiez à la mairie?

R. — Oui, monsieur le président. Il est de notoriété publique que non-seulement DELAMARCHE n'a fait fusiller ni arrêter personne, mais qu'au contraire, ses amis lui reprochaient plutôt de prodiguer sa signature pour tâcher de faire élargir des prisonniers qui bien souvent étaient gravement compromis.

M. Eugène Ricard, chef des bureaux de la mairie du XIVe arrondissement, en retraite.

Je suis rentré à la mairie le 25 mai avec le personnel des bureaux; j'y ai trouvé M. DELAMARCHE qu'on m'a dit être arrivé la veille, occupé, avec M. HÉLIGON, maire, à la réorganisation des services administratifs et à la distribution de bons de pain et de viande aux gardes nationaux, en attendant la reprise du travail.

Dans l'exercice de mes fonctions, j'ai souvent transmis des demandes de grâce apostillées par M. DE-LAMARCHE.

Je n'ai jamais entendu dire que M. DELAMARCHE ait été rue des Fourneaux.

(1) Voir aux pièces justificatives, pages 221 à 228.

M. Ancelet, opticien, ancien capitaine de la garde nationale.

Le 24 mai au matin, je me suis rendu à la mairie du XIVe arrondissement, pour me mettre à la disposition de M. Delamarche, lieutenant-colonel.

J'ai reçu l'ordre de recommander aux gardes de ma compagnie d'être convenables et doux avec tout le monde, de distribuer des bons de vivres aux gardes nécessiteux et de garantir les poudrières pour éviter tout malheur.

Je n'ai jamais été commandé pour faire arrêter ou arrêter personne; au contraire, chaque fois que M. Delamarche a pu être utile à ses concitoyens, il le faisait, et beaucoup de personnes lui doivent de ne pas avoir été arrêtées ou d'avoir été relaxées.

M. Delamarche a mérité l'estime de tous les honnêtes gens par son zèle à faire le bien dans des temps si difficiles.

Charles-Victor Finsterwald, commis principal à l'octroi de Paris.

M. le Président. — Dites ce que vous savez?

R. — Je suis resté à Paris pendant la Commune, à la rentrée des troupes dans Paris, j'ai été attaché au service de M. Delamarche que je connaissais, appréciais et estimais depuis dix ans. Il a organisé de suite un bureau de secours où l'on distribuait aux familles des gardes nationaux, des bons de pain et de viande.

Pendant le court passage que nous fîmes à la mairie, j'ai été témoin du fait suivant:

Un garde que je connaissais, puisqu'il avait appartenu à ma compagnie pendant le siège, est venu apporter à M. DELAMARCHE une liste de dénonciation contre d'anciens camarades. M. DELAMARCHE déchira cette liste, la mit au panier, et, lui reprochant son infamie, il le mit à la porte.

En qualité de secrétaire, j'ai établi de nombreux certificats, et à ce propos, je dois vous dire que mon concierge avait été fait prisonnier, le 4 avril, au plateau de Châtillon; de là, conduit à Versailles, puis ensuite à Belle-Isle. Sa femme vint me trouver; j'en parlai à M. DELAMARCHE qui me fit établir un certificat exposant que ce malheureux concierge, ne savait ni lire ni écrire, et que s'il était resté sous la Commune, c'était bien plutôt par besoin que par conviction et qu'en rendant ce mari à sa femme on ferait acte de bonne justice et de pitié. Eh bien! cet homme, rentré à Paris des premiers en ordonnance de non-lieu, n'a jamais pardonné à M. DELAMARCHE de l'avoir fait passer pour un imbécile. (*Rires dans l'auditoire.*)

J'ajoute que j'étais présent au bureau des secours quand un agent de la préfecture de police, porteur d'un mandat d'amener est venu pour arrêter M. DELAMARCHE.

M. LE PRÉSIDENT. — M. DELAMARCHE est-il resté longtemps en état d'arrestation?

R. — Il y a de cela quatorze ou quinze ans et je ne peux guère répondre d'une façon ferme; mais je dois vous dire que je n'étais pas inquiet sur le sort de M. DELAMARCHE.

Me LAGUERRE, *interrompant.* — Ah, vous n'étiez pas inquiet?

R. — Non, M. LAGUERRE, quand on a eu une aussi noble conduite, on n'a rien à craindre!

M. Crochet, employé à la mairie, ancien capitaine de la garde nationale.

M. LE PRÉSIDENT. — Connaissiez-vous M. DELAMARCHE avant l'affaire du *Cri du Peuple?*

R. — J'ai connu M. DELAMARCHE à Versailles où j'avais dû me retirer à la fin de la Commune, ayant appris le dévouement avec lequel M. DELAMARCHE avait servi la patrie, comme officier de la garde nationale, je ressentis pour lui une affection que je lui ai toujours conservée.

Rentré à Paris le 25 mai avec le personnel de la mairie, j'y ai trouvé M. DELAMARCHE et le maire. Un service de garde nationale était organisé. M. DELAMARCHE s'occupait avec une activité infatigable d'assurer des secours aux familles nécessiteuses des gardes nationaux, et comme je remplissais alors les fonctions de secrétaire près du maire, j'ai été témoin des démarches sans nombre et des efforts qu'il faisait pour sauver les citoyens arrêtés, et j'affirme qu'il est à ma connaissance que beaucoup de gens lui doivent la liberté ou la vie.

Mᵉ A. LEDRU. — Est-il à votre connaissance que M. DELAMARCHE se soit plaint des dénonciateurs?

R. — Oui, j'ai entendu M. DELAMARCHE s'écrier avec indignation, en voyant les nombreuses dénonciations souvent anonymes et quelquefois signées, qui pleuvaient au bureau du maire: « C'est ignoble de voir que des gens n'hésitent pas à se faire dénonciateurs, quand tous nos efforts tendent à la clémence et à l'apaisement ».

Collin, menuisier, ancien capitaine aux volontaires de Montrouge pendant le siège et la Commune, ancien déporté.

Le 12 mars 1871, j'étais de garde avec ma compagnie à la poudrière de la rue de Vanves.

Le colonel, M. Delamarche, est venu faire sa ronde.

On avait établi une feuille pour le faire adhérer à la Commune, il a énergiquement refusé.

J'ai été prisonnier et jugé au conseil de guerre du Cherche-Midi, M. Delamarche a eu la bonté de venir déposer en ma faveur.

M. le Président. — M. Delamarche a-t-il été témoin à charge ou à décharge?

R. — A décharge, monsieur le président.

Mᵉ A. Ledru. — Que disait-on de M. Delamarche en Nouvelle-Calédonie?

R. — Je n'en ai entendu dire que du bien à l'ile des Pins où j'étais.

Mᵉ Laguerre. — Mais c'était sur les pontons?

R. — Non, monsieur, il n'y avait plus de pontons quand j'ai été arrêté.

Boulabert. — Ce n'est pas à l'ile des Pins que j'ai entendu mal parler de M. Delamarche, mais à la presqu'ile Ducos.

Mᵉ A. Ledru. — Est-ce que tous les prisonniers disaient du bien de M. Delamarche?

R. — Dame, chacun a ses ennemis.

Mᵉ A. Ledru. — Que disait le nommé Kayl.

Le Témoin, *avec énergie.* — Kayl, celui-là c'est un ennemi juré de M. Delamarche; il n'en dira jamais de bien.

M. Rouffiac, ébéniste, adjudant du bataillon des volontaires pendant le siège.

J'ai toujours estimé M. Delamarche; c'est l'un des seuls qui ont fait cesser le feu aux Prussiens, dans le parc du Bois-Préau.

Il a réuni le bataillon le 13 mars 1871, place de la mairie; il nous a dit de ne pas servir la Commune *et de ne pas nous battre entre nous en présence des Prussiens.*

M⁰ A. Ledru. — M. Delamarche vous a-t-il dit qu'il y aurait un nouveau siège?

R. — Non, monsieur.

A la rentrée des troupes, j'ai vu M. Delamarche à la mairie, distribuer des bons de vivres aux gardes nationaux.

Rouch, cordonnier, ancien sergent aux volontaires pendant le siège, capitaine pendant la Commune, ancien déporté.

J'ai connu M. Delamarche pendant le siège, il a vaillamment fait son devoir. J'ignore ce qu'il a fait pendant la Commune.

Je n'ai entendu dire du mal sur M. Delamarche qu'en août dernier, après les articles du *Cri du Peuple.*

M⁰ A. Ledru. — Vers quelle heure, le mardi 23 mai, les volontaires ont-ils quitté les barricades des rues Brézin et Mouton-Duvernet, sur l'avenue d'Orléans et comment leur commandant les a-t-il quittés?

R. — C'est vers trois heures, et c'est aussitôt l'arrivée des troupes aux Quatre-Chemins que le commandant a quitté le bataillon, que nous avons conduit, Collis et moi, jusqu'à Belleville. . . . .

D. — C'était bien Kayl qui commandait.

R. — Oui, monsieur.

Chardon, instituteur.

J'ai été arrêté chez moi par un détachement de troupe de ligne le mardi 23 mai 1871, conduit le lendemain à la prévôté des Fourneaux. Je n'ai ni vu ni entendu parler du citoyen Delamarche pendant les huit jours de ma captivité à cette prévôté, au Luxembourg et à l'École militaire.

J'affirme de plus que le citoyen Delamarche a fait son possible pour me faire mettre en liberté, ainsi que d'autres habitants du XIVe arrondissement, arrêtés arbitrairement comme moi.

Après l'audition des témoins cités par M. Delamarche, l'audience est suspendue pendant un quart d'heure.

Plaidoirie de Mᵉ Alphonse LEDRU

A la reprise de l'audience, M. le président donne la parole à Mᵉ Alphonse LEDRU, avocat de M. DELAMARCHE, qui s'exprime ainsi :

MESSIEURS DE LA COUR,
MESSIEURS LES JURÉS,

Au moment ou je me lève pour exposer la plainte de M. DELAMARCHE, il m'est impossible de contenir le sentiment pénible que me fait éprouver ce triste débat.

Quoi donc! fallait-il, après quinze ans écoulés, réveiller le souvenir de nos discordes civiles, faire revivre des événements que, pour l'honneur de notre pays et pour l'honneur de l'humanité, nous voudrions pouvoir effacer de notre histoire?

Il le fallait cependant ; car il y avait un devoir à remplir, — pour vous, Messieurs les jurés, comme pour moi, — envers l'honnête homme qui est là, et à qui il était impossible de rester sous le coup des imputations, des allégations abominables contenues dans le feuilleton du *Cri du Peuple*.

Vous avez entendu, Messieurs, la lecture que j'ai faite, au commencement de cette audience, du récit de M. Jules BOULABERT. J'en replacerai, dans un instant, quelques passages sous vos yeux. Mais vous avez déjà retenu le rôle odieux qu'on y prête à M. DELAMARCHE.

7.

Il y est représenté comme ayant été l'organisateur d'une Cour martiale, comme ayant présidé à des exécutions sans jugement, désignant les victimes « au gré de ses petites haines et de ses grandes rancunes », les faisant fusiller « à la galope, comme par-dessous la jambe » jusqu'à ce que « la suée » fût passée, mêlant enfin l'hypocrisie à la cruauté, « jouant du bonhomme » auprès des familles ou des rares prisonniers qu'il épargnait afin de se ménager une justification dans l'avenir.

Il y a là des injures : *ambitieux féroce, hypocrite, galérien*; il y a là des diffamations, c'est à dire des imputations de nature à porter atteinte à l'honneur et à la considération de M. DELAMARCHE; il y a là surtout, — je puis dès à présent le dire hautement, — des mensonges et des calomnies.

Ces calomnies, M. Jules BOULABERT n'a même pas le mérite de les avoir inventées. Il les a ramassées dans certains milieux, où elles trainaient depuis quelques années, où elles étaient propagées, colportées, répétées avec insistance par des ennemis personnels de M. DELAMARCHE, malgré les démentis énergiques qu'il leur infligeait chaque fois qu'il lui était possible de les saisir au passage.

Le moment est venu de faire justice de ces accusations. Quelque modeste que l'on soit, quelque ennemi que l'on soit du bruit, de la publicité, toute patience a ses limites. Quand M. DELAMARCHE a vu qu'on ne se bornait pas à certaines allusions, à des propos plus ou moins précis, mais qu'on prétendait, dans un large récit comme les *Vaincus de 1871*, dans un journal aussi répandu que le *Cri du Peuple*, lui assigner un rôle odieux, le clouer au pilori de l'histoire, porter atteinte à son honneur de citoyen et de soldat, il s'est dit que la mesure était comble et il est venu devant vous.

Il est venu devant vous, Messieurs les jurés, non pas seulement pour obtenir une condamnation, qui sera la sanction nécessaire de ce débat, mais surtout afin d'engager avec ses calomniateurs une discussion publique, où les accusations seraient produites et réfutées au grand jour et où la vérité s'affirmerait d'une manière indiscutable.

Le *Cri du Peuple* a accepté le rendez-vous, non sans quelques hésitations et quelques atermoiements, qu'explique la difficulté pour lui d'édifier un système de défense. Vous avez entendu ses témoins, vous avez entendu les nôtres; votre conviction est certainement faite. Il me suffira de rappeler ces dépositions, d'en rapprocher les constatations, de préciser certaines particularités pour rendre à M. DELAMARCHE son aspect et sa physionomie véritables.

J'ajoute — et j'en préviens mon adversaire — que c'est sur ce point seulement, sur les actes de M. DELAMARCHE, que j'accepte la discussion. Je me refuse absolument à étendre le débat au-delà de ses justes limites.

Le *Cri du Peuple*, dans son impuissance à faire la preuve, s'efforcera sans doute de changer le caractère de ce procès, comme il en a d'ailleurs manifesté l'intention.

Au lendemain du jour où il avait reçu notre assignation, dans son numéro du 25 octobre, le *Cri du Peuple* publiait notre exploit en première page, en gros caractères, et il ajoutait :

Si nous donnons une importance exceptionnelle à l'assignation qu'on a pu lire plus haut, à nous adressée par le sieur DELAMARCHE, c'est parce qu'il s'agit ici non d'une affaire d'individu à journal, mais d'un débat plus large et embrassant de plus vastes intérêts.

Dans notre feuilleton des *Vaincus*, nous avons raconté le rôle qu'aurait joué le sieur DELAMARCHE pendant la semaine sanglante, dans le XIV⁰ arrondissement.

On nous assigne, on nous traduit en Cour d'assises.

Soit, nous faisons mieux qu'accepter la discussion; nous sommes heureux de cette occasion qui nous est offerte d'évoquer en pleine lumière le souvenir de ces temps à la fois si glorieux et si lamentables.

Et nous déclarons tout d'abord, à voix nette et haute, qu'à l'occasion, ce ne serait pas du sieur DELAMARCHE seul que nous entendrions faire le procès, mais de tous ceux dont le rôle pendant la dictature militaire des Mac-Mahon et des Gallifet a été *douteux*, pour ne pas dire plus.

C'est la voix des fusillés, des déportés, des « dénoncés », que nous voulons faire entendre, vengeresse, à la barre du tribunal.

Lorsque, le 7 novembre, l'affaire était appelée une première fois devant la Cour d'assises, MM. MIVIELLE et BOULABERT faisaient défaut. Ils expliquaient leur résolution dans la lettre suivante, adressée à M. le président de la Cour d'assises et publiée en tête du journal :

Monsieur le Président,

C'est en Nouvelle-Calédonie et d'après les récits que lui ont fait certains de ses camarades de déportation, que Jules BOULABERT a écrit les *Vaincus* et raconté les exploits du sieur DELAMARCHE pendant la semaine de mai.

Il nous fallait le temps de réunir ces témoins dispersés depuis l'amnistie, dans tous les coins de Paris.

Nous avons retrouvé ces victimes de la réaction de 1871;

elles sont prêtes à venir déposer devant le jury, mais voilà que nous apprenons qu'une loi nouvelle, celle de 1884, prescrit l'obligation de signifier dans les cinq jours de l'assignation la liste des témoins que les parties désirent faire entendre.

Nous avons laissé passer ce délai. Nous ferons donc défaut aujourd'hui, nous réservant de revenir devant vous sur opposition, armés de tous les témoignages dont nous disposons, pour jeter une éclatante lumière sur les férocités versaillaises.

L'affaire DELAMARCHE n'est pas un procès privé, mais bien un procès public comportant de grands débats, où tout un système de politique sanglante sera traduit par nous à la barre de l'opinion et de l'histoire, comme le sieur DELAMARCHE nous traduit aujourd'hui à celle de la Cour d'assises.

Agréez, etc.

Signé : BOULABERT, MIVIELLE.

Ce débat là, je ne l'accepte pas!

Ce procès est bien un procès privé et non un procès public.

Il appartiendra aux historiens de l'avenir de porter un jugement sur les événements de 1871, quand le temps aura fait son œuvre, éteint les haines, amorti les passions et créé ce lointain sans lequel on ne peut juger sainement les hommes et les choses.

Quant à vous, Messieurs les jurés, vous n'avez point à apprécier une politique, mais à faire œuvre de justice.

Il semblerait encore, à entendre le *Cri du Peuple*, que le procès doive s'engager entre les Cours martiales ou prévôtales et ceux qu'on appelle « les fusillés, les déportés, les dénoncés » de 1871.

Il peut plaire à Me LAGUERRE, — car il a tous les

courages comme il a tous les talents — de se faire le défenseur et l'apologiste de ces fusillés, de ces déportés, qui ont été aussi — il ne faudrait pas trop l'oublier — des insurgés en face de l'ennemi, quelques-uns, des massacreurs d'otages et les incendiaires de nos monuments publics!

Il ne me convient pas de défendre les Cours martiales. Je n'aurais pas accepté la mission de me lever ici, dans le sanctuaire de la justice, pour glorifier ce qui a été — il faut bien le dire — la négation de toute justice : ces tribunaux improvisés, où prenaient place, tout couverts du sang et de la fumée de la bataille, les combattants de la veille, de sorte qu'ils continuaient, sur leur siège de juges, la lutte commencée dans la rue.

Ce que je prétends, c'est que M. DELAMARCHE n'a jamais eu rien de commun avec cette justice sommaire, c'est qu'il n'a participé à aucun titre à l'œuvre des Cours martiales. Ce que je soutiens, c'est qu'il n'y a aucun rapport entre lui et le personnage sinistre que le *Cri du Peuple* a mis en scène, en lui prêtant des actes, des sentiments, un langage contraires aux actes, aux sentiments, au langage de toute sa vie.

Et d'abord, Messieurs les jurés, laissez-moi vous dire très brièvement, qui est M. DELAMARCHE. Il faut que vous le connaissiez non-seulement parce que vous allez rendre un verdict qui touche à son honneur, non-seulement encore parce que vous trouverez dans le *Cri du Peuple*, à côté d'accusations précises, des insinuations portant sur sa vie tout entière et sa carrière de fonctionnaire, mais aussi, parce que, — quand on a été pendant quatre mois, sous le coup de semblables calomnies, — on a droit à une réparation éclatante et publique.

M. DELAMARCHE est un ancien sous-officier. Le 6 février 1855, il s'engageait au 19ᵉ régiment d'infanterie. Il faisait la campagne de Crimée, — où il fut blessé, le 18 juin 1855, à l'attaque de Malakoff, — et la campagne d'Italie. Libéré en 1859 du service militaire, il entrait en 1860 à l'octroi de Paris comme surnuméraire. Le 1ᵉʳ février 1862, il était nommé expéditionnaire à l'administration centrale. Il l'était encore en 1870.

C'était là une situation bien modeste. Cependant, telle est la force d'attraction de la bienfaisance, de la générosité, du dévouement que le petit employé de l'octroi était, dans le XIVᵉ arrondissement qu'il habite depuis longtemps, l'un des hommes les plus populaires et les plus justement estimés. Tout le temps que lui laissait son emploi, il le consacrait à des œuvres d'instruction et d'émancipation sociale. En 1861, il était l'un des fondateurs de la première Bibliothèque populaire de Paris, celle du IIIᵉ arrondissement; il en est secrétaire général depuis la fondation. En 1866, il prenait une part active au fonctionnement de la Société de secours mutuels les *Employés du Commerce et de l'Industrie.* En 1867, il était l'un des fondateurs et le secrétaire général de la Société coopérative les *Équitables de Paris.*

Le 24 mai 1866, cet homme, qu'on accusera plus tard d'avoir fait massacrer ses semblables, se jetait à la nage dans le canal Saint-Martin pour sauver une jeune fille qui se noyait (1).

(1) Voir aux pièces justificatives page 215.

La guerre de 1870 éclate. Puis viennent les premiers désastres. Paris est investi. Ancien sous-officier, ayant même après sa libération continué ses études militaires, M. Delamarche s'empresse d'offrir ses services. Le 2 août 1870, il est incorporé dans la garde nationale et employé comme instructeur. Au mois de septembre, il est chargé d'organiser la 9e compagnie du 103e bataillon de la garde nationale; il est élu capitaine. Un décret du 9 octobre 1870 ayant ordonné la formation de bataillons de volontaires, qui marcheront à l'ennemi, M. Delamarche organise les volontaires de Montrouge et est élu chef de bataillon. Son esprit organisateur, la bonne tenue de sa troupe attirent sur lui l'attention de ses chefs. Par décret du gouvernement de la Défense nationale, en date du 27 décembre 1870, il est nommé lieutenant-colonel commandant le 53e régiment de Paris. Le 19 janvier 1871, il prend une part glorieuse, avec son régiment, à la bataille de Buzenval et il couvre, avec les volontaires de Montrouge, la retraite de l'armée sur Rueil. Le bataillon est cité, le lendemain, à l'ordre du jour de l'armée et, le 29 janvier, M. Delamarche, en récompense de sa bravoure, est fait chevalier de la légion d'honneur (1).

Je n'ajoute qu'un trait à cette esquisse des services militaires de M. Delamarche. Préoccupé, comme toujours, d'œuvres de bienfaisance, il avait, dès le début, organisé dans son bataillon une caisse de secours pour les blessés et les orphelins; depuis le premier jour jusqu'au dernier, il versa à cette caisse la moitié de sa solde (2).

(1) Voir aux pièces justificatives, pages 217-218.
(2) Voir aux pièces justificatives, page 218.

Après le siége, alors qu'on croyait avoir épuisé toutes les épreuves et toutes les amertumes, l'insurrection éclate; après la guerre contre l'étranger, la guerre civile !

Nous examinerons en détail, — lorsque nous arriverons à la discussion des écrits diffamatoires, — quel a été le rôle de M. DELAMARCHE pendant cette triste période. Je me borne, pour le moment, à le caractériser en quelques mots.

A Versailles, où il se retire le 18 mars, à Paris, où il rentre le 22 mai avec une mission dont je déterminerai le caractère et la portée, il n'a qu'un but, qu'une pensée: ramener au gouvernement régulier le plus grand nombre possible d'égarés, assurer aux autres la clémence et le pardon; arracher des victimes à la prison et à la mort, empêcher les arrestations légèrement faites sur des dénonciations anonymes, enfin grouper les gardes nationaux restés fidèles pour rétablir la circulation, éteindre ou prévenir les incendies, distribuer des secours, dés vivres aux plus nécessiteux, en attendant la reprise du travail. Puis, la pacification terminée, la garde nationale licenciée, il reprend simplement, modestement, ses fonctions de commis de l'octroi.

Nos adversaires se sont permis d'insinuer que M. DELAMARCHE aurait, au lendemain de 1871, reçu dans son administration quelque grasse sinécure pour prix de ses services pendant la Commune. Dans le numéro du 26 octobre, le *Cri du Peuple* insérait un article, dans lequel il préparait sa défense. Cet article est intitulé: « *L'affaire* DELAMARCHE. — *5,000 francs de réparation,* — *Un homme pratique.* » On comprend quelle responsabilité on a encourue ; on considère la condamnation comme certaine. Il ne s'agit plus que de s'en tirer au meilleur marché possible. On s'élève contre l'audace de M. DELAMARCHE. C'est bel et bien 5,000 francs qu'il ose réclamer :

Ah ! c'est un homme pratique que le sieur DELAMARCHE ! l'ancien petit commis d'octroi à 1,800 francs, rentré dans Paris, « colonel », au lendemain de la Commune — et aujourd'hui possesseur d'un poste, dont le cautionnement est de 80,000 francs !

Oui, un homme pratique !

La vérité est que M. DELAMARCHE, expéditionnaire à 2,000 francs avant le siège, était, après les événements, nommé, à l'ancienneté, commis à 1,800 francs. 200 francs de moins : voilà la grasse prébende ! Ce n'est que plus tard, par la force du travail et des services rendus, qu'il a atteint la situation qu'il occupe aujourd'hui. J'ai là ses états de services : commis, le 1er février 1871 ; commis principal, le 1er janvier 1874 ; receveur le 1er juillet 1879, *huit ans après les événements*.

En réalité, son rôle de pacificateur l'avait rendu suspect à la réaction, dont il n'avait ni épousé ni satisfait les rancunes.

Un témoin, M. BEAUDOUIN, vous a raconté qu'il avait dû intervenir auprès de M. Léon SAY, alors préfet de la Seine, et lui attester que M. DELAMARCHE n'avait pas pactisé avec l'émeute.

Le 9 juin, au lendemain du licenciement de la garde nationale, M. DELAMARCHE fut arrêté et conduit devant un juge d'instruction. Un autre témoin, M. FINSTER-WALD l'a affirmé ; il a ajouté — ce qui a provoqué le sourire de mon adversaire — que M. DELAMARCHE, au moment de cette arrestation, ne paraissait pas inquiet sur son sort. Quand on n'a dans sa vie que de bons et loyaux services, on peut affronter sans crainte quelques instants de conversation avec un juge d'instruction. L'honorable magistrat demanda compte à M. DELA- MARCHE de l'emploi de son temps pendant la Commune; quand il connut sa qualité, les fonctions qu'il avait remplies, les services qu'il avait rendus, il le congédia en lui témoignant son estime.

Ce n'était pas fini.

De 1871 à 1877, M. DELAMARCHE fut l'objet de quinze enquêtes de police.

Après ces suspicions, dûes à son humanité à l'égard des vaincus, vinrent celles des hommes que M. DELA- MARCHE avait voulu sauver.

Il avait repris, dans le XIVᵉ arrondissement, son active propagande en faveur des œuvres d'instruction et de bienfaisance. Il comprenait que, pour effacer le souvenir des épreuves passées, pour en prévenir le retour, il fallait prendre corps à corps ces deux enne- mis de toute civilisation et de toute liberté: l'igno- rance et la misère!

Dès le 24 juin 1871, il fondait la Bibliothèque popu- laire des *Amis de l'Instruction du XIVᵉ arrondissement*, qui réunit bientôt 600 adhérents, et dont il est, aujour- d'hui encore, le président. J'ai là le procès-verbal d'ins- titution; il y est dit que le but des fondateurs est de « favoriser la propagation de l'instruction et le goût de l'étude dans tous les rangs de la société, et d'établir entre tous les citoyens qui voudront y adhérer, un lien permanent de confraternité et de solidarité, qui ne peut qu'être favorable à la cause de l'ordre social et au progrès de la civilisation. »

Puis M. DELAMARCHE, après avoir participé à la fondation de la plupart des Bibliothèques populaires de la Seine, les relie entre elles, par un syndicat, pour accroître, par des échanges, leurs ressources et leurs moyens d'action.

En 1876, la Société Franklin lui décerne une médaille d'argent pour services rendus à la cause de l'instruction populaire (1).

J'ai dans mon dossier une quantité de pièces attestant qu'il exerce les fonctions de délégué cantonal, vice-président de la caisse des écoles, secrétaire de la commission chargée de protéger le travail des enfants dans les manufactures; des lettres de remerciement pour avoir, dans des conférences patriotiques, fait revivre les héros de la Révolution, les Hoche, les Marceau, les Kléber, et appris à notre jeunesse, par l'exemple de ces anciens, comment on doit aimer et servir la patrie.

Les œuvres de bienfaisance ne restent pas en arrière. M. DELAMARCHE fonde successivement la Société de secours mutuels des employés de l'octroi, la Société de prévoyance des anciens volontaires de Montrouge.

Il vient en aide, par ses démarches incessantes, sa bourse au besoin, aux veuves, aux orphelins, aux femmes et aux enfants des transportés.

L'un des premiers, il a réclamé l'amnistie, pensant avec celui qui fut notre chef, notre maître à jamais vénéré et regretté, avec GAMBETTA, que l'heure était venue où il fallait jeter un voile sur les crimes, les dé-

(1) Voir aux pièces justificatives, page 233.

faillances, les lâchetés, les excès communs ! Il a réclamé l'amnistie, pour faire l'oubli, le pardon, le silence sur la guerre civile.

Hélas ! Messieurs les jurés, s'il en est, parmi ceux auxquels l'amnistie a rouvert les portes de la France, qui se sont appliqués à effacer par leurs services les erreurs passées, il en est d'autres qui sont rentrés sans avoir rien appris ni rien oublié. Ils ont vu dans cette grande mesure de clémence non pas l'oubli et le pardon, mais la réhabilitation, la glorification, l'espoir d'une prochaine revanche. En l'attendant, ils se sont mis à poursuivre de leur haine, de leurs dénonciations et ceux qui les avaient combattus et ceux, plus coupables à leurs yeux, qui avaient refusé de se joindre à eux.

M. DELAMARCHE devait être, l'un des premiers, attaqué et soupçonné.

Dès le mois de novembre 1879, des calomnies sont répandues contre lui au cercle républicain du XIVe arrondissement. M. KAYL, — l'un des ennemis personnels de M. DELAMARCHE et l'un de ceux auxquels il a rendu service, — a prétendu que M. DELAMARCHE avait été exclu de ce cercle. C'est inexact. Voici le procès-verbal qui a été dressé à la suite des incidents auxquels il a été fait allusion :

CERCLE RÉPUBLICAIN DU XIVe ARRONDISSEMENT

Extrait du procès-verbal de la séance du 9 novembre 1879

Au commencement du mois d'octobre dernier, le citoyen DELAMARCHE ex-lieutenant-colonel des volontaires de Montrouge, membre du conseil d'administration du cercle républicain du XIVe arrondissement, a été l'objet d'imputations calomnieuses de la part du citoyen JEAN, membre du cercle.

M. JEAN, invité à justifier les faits allégués par lui, n'a *pu fournir aucune preuve à l'appui.*

Le citoyen DELAMARCHE a non-seulement protesté avec indignation et énergie contre les bruits calomnieux répandus sur son compte, mais de plus, il a fourni la preuve que ces bruits étaient *faux et mensongers.* Il a établi en outre que loin d'avoir desservi d'aucune manière les citoyens compromis à la suite de l'insurrection du 18 mars, il les avait au contraire secourus de tout son pouvoir et en toutes circonstances; soit pour les faire remettre en liberté, soit pour leur sauver la vie.

Le citoyen JEAN, après examen des pièces fournies par le citoyen DELAMARCHE, reconnaît *qu'il s'est trompé à son égard;* il déclare qu'il tient le citoyen DELAMARCHE pour un excellent et loyal républicain. Il le prie en outre de recevoir ses excuses pour les propos calomnieux tenus sur son compte par suite d'une confusion de personne et d'une certaine ressemblance de nom avec une autre personne.

Le citoyen DELAMARCHE, dans un but de concorde et d'entente entre républicains et membres du cercle, accepte les excuses du citoyen JEAN; sur sa proposition, le conseil d'administration et la commission d'admission décident à l'unanimité que M. JEAN ne serait pas exclu du cercle;

mais qu'à titre de réparation et pour rétablir la vérité, le résultat de l'incident obtenu après enquête serait inséré au procès-verbal de la séance de ce jour, et affiché pendant deux mois dans la salle du cercle.

Fait à Paris, le 5 novembre 1879.

Pour la commission d'admission,
Le Membre délégué,
Signé: Edouard HY.

Pour le conseil d'administration,
Le Président,
Signé: L. TALLON
Adjoint au maire du XIV' arrondissement.

A également signé:
M. JEAN.

NOTA. — M. Kayl, mis en cause par M. Jean a déclaré n'avoir tenu à qui que ce soit aucun propos malveillant à l'égard de M. Delamarche. Comme d'ailleurs il ne peut fournir aucun renseignement sur la question soulevée, le conseil et la commission décident qu'il n'y a pas lieu de mêler autrement M. Kayl dans cette affaire.

A la suite de ces incidents (1), M. Delamarche a donné sa démission, ne voulant pas fréquenter plus longtemps une compagnie où l'on était exposé à de semblables injures.

Cependant, la calomnie continua à se propager.

Le 16 octobre 1880, le journal la *Commune*, à propos d'une conférence faite par M. Delamarche sur l'or-

(1) M. Delamarche a donné sa démission à la suite d'un incident rappelé nexactement par le témoin Kayl et qui a suivi celui auquel il est fait allusion dans la pièce ci-dessus.
Voir sur cet incident note 2 à la déposition de Kayl. page 36.

ganisation d'une caisse de retraite pour les vieux travailleurs, disait que l'orateur « était un ex-colonel de la garde nationale qui commandait un arrondissement de Paris, lors des massacres de mai, le sieur DELAMARCHE. »

Il n'y a là qu'une insinuation et un rapprochement perfides.

Le 12 décembre 1880, au moment des élections municipales, le journal *Ni Dieu ni Maître*, parlant d'une proposition adoptée dans une réunion publique, ajoutait:

Cette proposition est faite par un certain DELAMARCHE, dont le nom soulève de violentes protestations parmi les socialistes présents. Il paraît que ce Monsieur a été décoré par Versailles pour sa belle conduite contre les communeux parisiens, et que, après la défaite de ces derniers, il les engageait à signer des recours en grâce. C'est complet: après avoir contribué à leur défaite, il voulait les déshonorer.

M. DELAMARCHE envoie aussitôt la rectification suivante:

Paris, 12 décembre 1880.

Au citoyen J. BRION, Rédacteur du Journal
« NI DIEU NI MAÎTRE »

CITOYEN,

Dans le numéro 23 du journal *Ni Dieu ni Maître* du 12 décembre courant, sous la rubrique : *Réunions et Conférences*, je relève, à mon endroit, diverses assertions inexactes que je considère comme ayant un caractère calomnieux.

Vous dites :

« Cette proposition faite par un certain Delamarche, décoré par Versailles pour sa belle conduite contre les communeux parisiens, etc... »

Vous avez été mal renseigné, citoyen, car j'ai été décoré par décret du gouvernement de la Défense nationale, en date du 27 janvier.1871, en qualité de colonel du 53ᵉ régiment de Paris, pour ma conduite à Buzenval, et sur la proposition du général de division Susbielle, sous les ordres duquel j'étais placé.

Vous ajoutez encore :

« Qu'après la défaite de ces derniers (les communeux), il (le même Delamarche) les engageait à signer des recours en grâce. »

Et vous ajoutez.

« C'est complet : après avoir contribué à leur défaite, il voulait les déshonorer. »

Cette assertion, citoyen, est encore erronée ; elle cache une perfidie que vous propagez, sans doute sans le vouloir, et par méconnaissance de choses et de faits que je vais rétablir.

Je n'avais nulle qualité pour engager les vaincus de la Commune à signer des recours en grâce ; mais, vieux républicain, je suis intervenu (comme c'eût été le devoir à *tant d'autres* de le faire) au milieu de dangers de toutes sortes, pour sauvegarder les droits de l'humanité, méconnus par les belligérants.

J'ai été assez heureux de pouvoir sauver la vie à plusieurs de mes concitoyens. J'ai pu épargner de grands malheurs à mon patriotique arrondissement ; enfin j'ai pu *faire* rendre à la liberté un assez grand nombre de prisonniers qui se réclamèrent de moi. Ces faits, citoyens, sont de notoriété publique dans le XIVᵉ arrondissement ; c'est ce qui me vaut l'estime de mes concitoyens que la passion n'égare pas.

Dès 1872, j'ai mis en circulation et signé une pétition réclamant l'amnistie, estimant cette mesure juste, nécessaire, pour faire cesser les haines et les divisions au sein du parti républicain. Me serais-je trompé ! Je considérais aussi que l'insurrection du 18 mars était le résultat d'un affreux malentendu, la fatale conséquence de nos désastres militaires !

Je m'arrête ici, citoyen, ne voulant pas abuser du droit de réponse que me confère la loi. Quant au reste, je saurai, n'en doutez pas, en temps et lieu, comme *déjà* j'ai eu l'occasion de le faire, démasquer les calomniateurs et faire connaître leurs mobiles intéressés.

Je vous prie, citoyen, et au besoin je vous requiers de faire insérer cette lettre dans votre plus prochain numéro.

Veuillez agréer, citoyen, l'expression de ma parfaite considération » (1).

P. DELAMARCHE.

*Ex-colonel des volontaires de Montrouge
et du 53ᵉ régiment de Paris*

Le journal n'ayant inséré cette rectification qu'avec des erreurs et des omissions qui en altéraient le sens, M. Delamarche prit la précaution de la faire imprimer à part et tirer à 2,000 exemplaires, qui furent envoyés à tous les journaux et répandus dans le quartier.

En janvier 1881, *Paris-Municipal*, puis *l'Univers* témoignent leur étonnement de voir la candidature de M. Monteil patronnée et soutenue par M. Delamarche *commandant la prévôté du XIVᵉ arrondissement, à l'entrée des troupes de Versailles à Paris.*

Cette fois, l'accusation se précise, M. Delamarche aurait été prévôt.

La réponse ne se fait pas attendre.

Deux jours après, *Paris-Municipal* publie la note suivante:

M. Delamarche nous a demandé, et nous déférons vo-

(1) Voir 2ᵉ lettre aux pièces justificatives, page 236.

lontiers à son désir, une rectification relative au titre qui lui a été attribué et contre lequel il ne saurait protester trop énergiquement.

Ancien militaire, ayant fait les campagnes de Crimée et d'Italie, ex-colonel des volontaires de Montrouge et du 53ᵉ régiment de Paris, décoré par le gouvernement de la Défense nationale pour sa conduite à Buzenval, M. DELA-MARCHE n'a pas commandé de prévôté, pas plus au XIVᵉ arrondissement qu'ailleurs. Il a, au contraire, grandement contribué, par ses efforts persévérants, à empêcher l'établissement d'un pareil tribunal dans son patriotique quartier, et il est directement intervenu entre les belligérants pour sauvegarder les droits de l'humanité et tendre la main aux victimes de la guerre civile.

L'*Univers* reproduit cette rétractation; il l'accompagne des réflexions que voici:

Nous avons reproduit il y a quelques jours un extrait du *Paris-Municipal*, relatif aux élections récentes.

M. DELAMARCHE, représenté comme le patron d'une candidature, était désigné comme ancien commandant de la prévôté du XIVᵉ arrondissement à l'entrée des troupes de Versailles à Paris.

M. DELAMARCHE a repoussé avec indignation la qualité que lui attribuait le *Paris-Municipal*, et il nous a fait demander de faire reproduire la rétractation du *Paris-Municipal*.

Nous déférons d'autant plus volontiers à son juste désir que M. DELAMARCHE, d'après de sérieux témoignages, se serait conduit vaillamment à Buzenval, à la tête de son bataillon, et aurait gagné dans cette occasion la croix de la Légion d'honneur, à la différence des déclamateurs forains, promoteurs à distance des sorties torrentielles. »

Au mois de décembre 1881, les mêmes calomnies sont cependant rééditées dans le *Réveil*, la *Justice*, le *Radical*, l'*Intransigeant*.

M. Delamarche envoie à chacun de ces journaux une lettre rectificative.

Voici, notamment, ce que je lis dans l'*Intransigeant* dont il a été parlé par un témoin, qui a ajouté que M. Delamarche ne se défendait pas.

C'est dans le numéro du 22 décembre 1881 :

Nous recevons la lettre suivante :

Paris, le 19 décembre 1881.

Monsieur le secrétaire de la rédaction au journal l'*Intransigeant*.

Monsieur le secrétaire,

Dans le numéro de l'*Intransigeant* du lundi 19 décembre courant, vous avez inséré un document émanant d'un comité électoral du quartier de la Villette, dans lequel, sans nulle raison, car je ne me suis occupé ni de l'élection ni des candidats, mon nom est cité avec la qualité de : « *chef de la prévôté du XIV* arrondissement* ».

Cette assertion est absolument *mensongère*. Je la considère en outre comme *calomnieuse*. Je vous prie en conséquence et au besoin je vous requiers, comme c'est mon droit, d'insérer ma lettre dans votre plus prochain numéro.

Veuillez agréer, monsieur le secrétaire, mes civilités.

P. DELAMARCHE,
Rue Brézin, 13.

. M. Delamarche ayant été nommé dans notre journal, nous avons consenti à publier sa lettre, bien qu'en raison des grossièretés dont elle est pleine nous fussions parfaitement en droit de refuser l'insertion...

Il paraît qu'on apprend le style académique à l'école de l'*Intransigeant !*

Il continue :

Nous nous réservons, bien entendu, de vérifier les assertions de l'ex-commandant « des volontaires de Montrouge » rentré à Paris en mai 1871 avec les troupes royalistes et nous nous ferons un devoir, notre petite enquête terminée, de restituer à ce Versaillais peu repenti sa véritable physionomie.

En attendant, nous rappellerons à M. DELAMARCHE que durant la période qui a précédé les élections générales, alors qu'il faisait partie du comité opportuniste patronant la candidature Germain CASSE, la même accusation a été produite à la tribune des réunions publiques et que l'auteur de la lettre qu'on vient de lire, bien que présent, n'a pas cru devoir la relever.

La mémoire de M. DELAMARCHE aurait-elle, comme son radicalisme, des intermittences?

M. DELAMARCHE va-t-il rester sous le coup de ces commentaires?

Non. Il répond. L'*Intransigeant* réplique.

Il faut cinq lettres rectificatives, dont une signifiée par huissier, pour que le dernier mot lui reste.

Vous trouverez cette polémique dans le dossier, Messieurs les jurés. Vous verrez si l'attitude de M. DELAMARCHE est celle d'un homme qui ne se défend pas (1).

Malgré ces protestations, malgré ces rectifications, la calomnie faisait son chemin. Ceux qui l'avaient lue la colportaient ; ceux qui l'avaient entendue la propageaient à leur tour dans les réunions, dans les conversations, dans des lettres privées, s'efforçant d'entourer

______

(1) Voir les autres lettres aux pièces justificatives, page 248.

M. Delamarche d'une atmosphère de défiance et de soupçons.

Et puis, voilà que, tout-à-coup, tout cela prend corps, tout cela se condense. Ce ne sont plus seulement quelques insinuations, quelques lambeaux de phrases plus ou moins claires. Non, c'est un récit complet, émouvant, dramatique, où M. Delamarche figure sous l'aspect le plus odieux. C'est le roman de M. Jules Boulabert.

Mᵉ A. Ledru donne lecture de la première partie du passage incriminé reproduit plus haut.

Il continue sa plaidoierie en ces termes:

Je m'arrête ici; aussi bien est-ce une prose qu'on ne peut prendre qu'à petites doses.

Il faut, pour discuter froidement, imposer silence à l'indignation que nous inspirent ces audacieux mensonges.

Il y a là un certain nombre de faits précis, dont le *Cri du Peuple* prétendait faire la preuve.

Il avait annoncé dix-neuf témoins. Il en a amené douze, et quand ces douze témoins ont eu parlé, nous avons été, au point de vue de la preuve à faire, aussi avancés que s'ils n'avaient rien dit.

Nous avons eu ce que j'appellerai les témoins décoratifs, députés, anciens membres de la Commune.

M. Camille Pelletan a résumé, avec son talent habituel, ce qu'il avait dit dans son livre: *La Semaine de mai*, sur l'organisation et le rôle des Cours martiales. Il a déclaré très loyalement qu'il n'avait jamais entendu parler de M. DELAMARCHE. Ainsi, voilà un historien qui a fouillé les archives, consulté les documents, fait appel à de nombreux témoignages. Il a parlé de la Cour martiale du boulevard des Fourneaux. Jamais il n'a rencontré le nom de M. DELAMARCHE!

Après M. Camille PELLETAN, est venu M. CAMÉLINAT. Lui non plus ne peut rien dire sur M. DELAMARCHE, et cependant, ce n'est pas l'envie qui lui en manque. Il a parlé de tout, excepté du procès. Je m'imagine que le *Cri du Peuple*, en l'amenant à cette barre, a eu une délicate attention pour MM. les jurés, et qu'il a voulu leur présenter un nouveau député, que tous ne connaissaient sans doute pas.

M. Alphonse HUMBERT est un adversaire de M. DELAMARCHE. Celui-ci a eu le mauvais goût de combattre sa candidature à la députation... Il est cependant permis de n'être pas partisan de la candidature de M. Alphonse HUMBERT... Lui non plus ne sait rien.

Tous les témoins amenés successivement par le *Cri du Peuple* déclarent ne rien savoir. Seul, GARNIER apporte quelques allégations, relatives à des faits accessoires, et que je discuterai dans un instant.

C'est, au contraire, avec une netteté, une précision absolues que s'expriment les témoins assignés à notre requête. Il m'est facile, en m'appuyant sur ces dépositions, de reconstituer la conduite de M. DELAMARCHE.

Je vous ai indiqué, Messieurs les jurés, quels ont été ses services pendant la guerre. Je vous ai dit notamment, — j'ai là la pièce qui le constate, — qu'il avait été nommé colonel, non pas à Versailles, mais par décret du gouvernement de la Défense nationale, en date du 27 décembre 1870. Il en a reçu la notification aux avant-postes devant Bourg-la-Reine et Bagneux (1).

Arrive l'armistice et avec l'armistice une de ces crises morales qui suivent presque toujours les grands efforts et les grandes souffrances. Tant que le siège avait duré, un sentiment unique avait absorbé toutes les âmes: le sentiment de la lutte à poursuivre, de la victoire à arracher coûte que coûte. Il avait empêché de ressentir les misères du jour, atténué les haines, contenu les soupçons. Maintenant, on était vaincu, prisonnier de l'ennemi. Cette noble passion, qui soutenait les courages, s'était évanouie. On était inquiet de l'attitude prise par l'Assemblée de Bordeaux. On ressentait vivement l'injure faite à la capitale par la décision qui transportait à Versailles le siège du gouvernement.

Toutes ces causes de mécontentement, d'agitation étaient habilement exploitées par les partisans de la révolution.

Le 24 février, était élaborée, au Tivoli-Vaux-Hall, la fédération de la garde nationale, représentée et dirigée par un comité central, qui se mettait immédiatement à l'œuvre et préparait l'insurrection.

M. DELAMARCHE employa toute son autorité pour maintenir ses troupes dans le devoir.

Le 12 mars, il recevait la sommation suivante:

ÉTAT-MAJOR DE LA GARDE NATIONALE

Citoyen,

Vous êtes invité par le conseil de légion à vous rendre 91, chaussée du Maine, ou vous aurez à vous entendre avec le chef de légion élu par les bataillons de la garde nationale du XIV⁰ arrondissement, aujourd'hui dimanche 12 mars, de 10 à 4 heures.

Le Secrétaire correspondant,

Signé: Louis BARNANT.

M. Delamarche s'y rend pour déclarer *qu'il refuse d'obéir.* Dans le langage le plus patriotique, avec une vive émotion, il supplie les membres de ce conseil improvisé de ne point persister dans une insurrection criminelle, en présence des vainqueurs, occupant nos forts et quarante départements français. « Quand les Prussiens sont encore sur le territoire, s'écrie-t-il, nous ne devons pas nous battre entre nous ! »

Il n'est point écouté. Il se retire. Mais, deux heures après, il revient. Il a appris que des troupes de ligne circulent dans l'arrondissement. Il redoute un conflit d'où pourrait sortir la guerre civile. Accompagné du maire, M. Hélügon, il se rend chaussée du Maine, intime aux gardes nationaux d'avoir à se disperser. Quelques-uns seulement obéissent.

Le lendemain, 13 mars, il réunit les volontaires de Montrouge sur la place de la mairie. Il renouvelle ses adjurations de la veille; il leur demande, à eux qu'il a vu combattre avec tant de bravoure et de courage, de

9.

ne pas souiller leur gloire par un crime contre la patrie. Il leur rappelle le souvenir des journées de juin, si dures pour le peuple, si profitables à d'autres.

Cette ferme attitude n'a pas d'autre résultat que de mettre sa vie en danger.

Voici la lettre qu'il recevait le lendemain d'un de ses volontaires :

14 mars 1871.

A Monsieur le lieutenant-colonel commandant des volontaires de Montrouge

Mon commandant,

Je crois pouvoir vous être utile en vous prévenant des faits qui suivent :

1° Vous exprimer toute ma satisfaction pour votre conduite près de votre bataillon, hier place de la Mairie ; je m'empresse de vous faire parvenir, par la présente, que vous pouvez de nouveau compter sur moi dans tout ce que vous aurez besoin.

Hier, nous avons été occuper le poste de police de la rue Saint-Yves sous les ordres du sergent G.... La journée et la nuit ont été employées à discuter sur vos paroles prononcées hier ; j'avais réussi à rallier quelques gardes et les mettre dans le chemin de l'ordre. Lorsque ce matin, M. S..., fourrier de la 4ᵉ compagnie est arrivé au poste pour faire signer une délégation, haranguer les hommes qui ont tous signé, excepté moi et V...; nous avons refusé malgré les menaces qui nous ont été faites et été traités de royalistes. Ce qui est de tout le mal, c'est la signature du capitaine C...., il est question de nommer un autre commandant, je crois que vous n'avez pas à compter sur la 4ᵉ compagnie, ni sur beaucoup des trois autres.

Voici ce que je viens d'apprendre en rentrant chez moi :

On doit s'emparer de votre personne en entrant ou sortant de la mairie ou tout autre lieu. Si ce guet-apens venait à échouer, quelques meneurs se seraient abouchés avec un autre bataillon pour attenter à votre vie, je le tiens d'un de mes amis qui l'a entendu de la bouche de qui je crois sont de la 2ᵉ compagnie. En pareille circonstance, mon commandant, si vous avez besoin de moi, quel que soit le moment le plus critique, je suis à vos ordres, quoique l'on me menace de me surveiller; je vous prie aussi, mon commandant, si le bataillon est licencié, de bien vouloir me faire admettre dans un autre, à votre choix, n'ayant pas d'autre moyen d'existence pour moi et ma femme que ce que je reçois du bataillon. Je suis employé de commerce; je m'occupe tous les jours à chercher à m'employer, jusqu'à ce jour je n'ai rien trouvé...

Signé: GANIVET.
Rue Blottière, 17, Paris.

La dernière phrase explique bien des adhésions à la Commune.

. Celles qui précèdent répondent à une communication qui nous a été faite par l'adversaire, à une lettre de M. GARNIER, prétendant que le 18 mars, à deux heures de l'après-midi, M. DELAMARCHE fit assembler, sur la place de la Mairie, le bataillon des volontaires de Montrouge: « DELAMARCHE, dit-il, proposa à ses hommes de marcher sur Versailles, disant que Paris allait avoir à soutenir un deuxième siège, et, comme un silence glacial répondait seul à ses ouvertures, il ajouta qu'il partirait seul, *et les imbéciles le laissèrent partir. Voilà comment fut menacée la vie du bon apôtre.* » Il paraît que si GARNIER avait été le maître, le bon apôtre n'en aurait pas été quitte avec des menaces !

Vous avez entendu des volontaires, entre autres

M. Sébourque, M. Rouffiac et M. Roggen. Ils ont affirmé qu'il n'y avait pas eu de réunion le 18.

Voici, en effet, comment se passa cette journée.

Le 18 mars, au matin, on lisait sur les murs une proclamation du gouvernement, annonçant qu'il était décidé à agir avec vigueur et que les canons dérobés à l'État allaient être rétablis dans les arsenaux. Presque en même temps on apprenait que, au point du jour, les gardes nationaux en faction à Montmartre avaient été surpris et enveloppés par la troupe, et que l'armée régulière était rentrée en possession des canons entassés sur la butte.

Le triomphe du gouvernement paraissait assuré.

M. Delamarche vit alors arriver à son bureau, dociles et soumis, plusieurs de ceux qui paraissaient les plus ardents la veille. L'un d'eux, un officier, osa lui remettre une liste contenant les noms de ses camarades qui avaient adhéré au comité central. M. Delamarche refusa d'en prendre connaissance et s'empressa de déchirer ce papier.

A deux heures de l'après-midi, il était convoqué au secteur. Le commandant lui apprit la suite des événements : l'assassinat des généraux Lecomte et Clément Thomas, le triomphe de l'insurrection, la fuite du gouvernement, l'abandon de l'Hôtel de ville. Comme instruction ce mot si souvent répété : *Débrouillez-vous!*

En rentrant chez lui, M. Delamarche apprit que des fédérés en armes étaient venus pour l'arrêter.

Il partit pour Versailles, où demeurait un parent de sa femme, M. Bidault. Il y séjourna du 18 mars au 22 mai (1).

____

(1) Voir aux pièces justificatives, page 223.

A Versailles, il se fit inscrire à son administration. A partir de ce moment, il ne voulut rien toucher, — même pendant la période du 22 mai au 12 juin, — que ses modestes appointements d'employé de l'octroi.

Il considérait son rôle comme terminé.

Les événements en décidèrent autrement.

Le 4 avril, avait lieu l'affaire de Châtillon. Dans cette sortie, un grand nombre de volontaires étaient faits prisonniers et amenés à Versailles. Leurs femmes, leurs mères vinrent tout naturellement trouver M. DELAMARCHE, le suppliant d'intervenir. Il y avait là un devoir d'humanité à remplir envers d'anciens compagnons d'armes, qui s'étaient bravement comportés pendant le siège. Grâce à ses relations avec le général APPERT, son ancien chef d'état-major, M. DELAMARCHE obtint de leur rendre visite, pour leur apporter quelque soulagement dans leur triste situation. (C'est sans doute l'interrogatoire dont a parlé un des témoins, et dont M. SÉBOURQUE vous a fait connaître le véritable but.) Il donna de leurs nouvelles à leurs familles. Madame MÉTEAU vous a déclaré que, grâce à lui, elle avait pu voir ses fils blessés à l'hôpital militaire (1).

Vers la fin d'avril, le gouvernement se préoccupa de réorganiser la garde nationale pour le moment où l'on reprendrait possession de Paris.

Sur la demande instante de M. HÉLIGON et des chefs de bataillon, M. DELAMARCHE fut délégué comme commandant supérieur des gardes nationales du XIV⁰ arrondissement. Sa lettre de service détermine exactement la mission qui lui fut confiée. Elle est ainsi conçue:

(1) Voir aux pièces justificatives, pages 219 à 222, et dépositions SÉBOURQUE et METTAT, pages 52-53.

ÉTAT-MAJOR GÉNÉRAL

Garde nationale de la Seine

ORDRE

Le chef d'état-major nomme provisoirement M. le lieutenant-colonel DELAMARCHE, commandant supérieur des gardes nationales du XIV° arrondissement.

Cet officier supérieur devra s'étudier à réorganiser provisoirement autant que possible les bataillons ou fractions de bataillons de l'arrondissement restés fidèles à la cause de l'ordre; à cet effet, il devra se concerter avec les officiers de la garde nationale de cet arrondissement actuellement à Versailles et nouer des relations avec les officiers restés à Paris; il est autorisé à déléguer des officiers pour exercer provisoirement en l'absence des titulaires les commandements des bataillons et des compagnies. Ces délégations pourront être faites soit immédiatement, soit ultérieurement lorsque la garde nationale fidèle se ralliera à l'armée.

Il sera rendu compte au chef d'état-major de la composition des cadres ainsi reconstitués et du nom des officiers qui auront rallié.

M. le colonel DELAMARCHE prendra ses dispositions pour rentrer dans Paris, et grouper autour de lui les gardes nationaux fidèles du XIV° arrondissement, dès que l'armée occupera militairement un quartier de la ville. Il devra venir avec ses bataillons ou fractions de bataillons se joindre à l'armée; ce ralliement sera fait avec les précautions nécessaires, soit individuellement, soit par fraction constituée, le signe de ralliement sera autant que possible un brassard tricolore. Avant de joindre l'armée, il sera bon d'envoyer prévenir l'officier le plus voisin de l'arrivée d'une troupe armée.

Le service de la solde sera immédiatement assuré ; les officiers payeurs ou des officiers délégués à cet effet par les chefs de bataillon provisoires ou titulaires viendront percevoir la solde à l'état-major sur la présentation d'états visés par le commandant supérieur.

Le commandant supérieur organisera les forces dont il dispose, de manière à constituer une sorte de régiment dont il prendra le commandement ; il y incorporera successivement tous les éléments isolés de son arrondissement qui se présenteront.

Des armes seront données à ceux qui n'en ont pas ; le commandant supérieur de l'arrondissement fera savoir approximativement, dès que ce sera possible, le nombre des armes nécessaires ainsi que celui des munitions.

Qu'il soit bien entendu que dans cette circonstance le rôle de la garde nationale sera celui d'un instrument puissant, par l'effet moral plutôt que par une action purement militaire.

Qu'il soit bien convenu également que les hommes égarés seront accueillis avec une indulgence entière.

M. le comte du BREIGNOU, chef d'escadron d'état-major, sera particulièrement chargé de l'échange des communications relatives au XIV° arrondissement, entre le commandant supérieur de cet arrondissement et le chef d'état-major général.

Le major de l'arrondissement fera fonctions de chef d'état-major près le commandant supérieur de cet arrondissement. M. le colonel DELAMARCHE le recherchera et lui donnera des instructions à ce sujet.

Versailles, le 27 avril 1871.

Le colonel, chef d'état-major général,
Signé: CORBIN.

Les deux phrases prescrivant une indulgence entière ont été ajoutées à la demande expresse de M. DELAMARCHE. Il a déclaré qu'il ne voulait pas rentrer dans son arrondissement pour faire œuvre de répression, mais pour faire œuvre de pacification.

Le *Cri du Peuple*, continuant à esquisser sa défense, prétend, dans son numéro du 29 octobre, que ces instructions n'étaient pas les instructions véritables, qu'à côté des ordres officiels et publics, il y avait des ordres secrets.

Il s'efforce d'établir, sans aucune preuve, une assimilation entre M. DELAMARCHE et M. VABRE qui présida, paraît-il, la Cour martiale du Châtelet; celui-ci, dit-on, pris à partie par un journal pour ses exploits du Châtelet, menaça le gouvernement de se défendre et de représenter *l'ordre de service* qui lui avait été donné à titre de grand-prévôt par M. THIERS. C'est alors qu'il aurait été nommé officier de la Légion d'honneur. Et le journal demande si *toutes les habiletés du sieur* DELAMARCHE parviendront à le tirer de cette compagnie.

Nous n'avons pas besoin d'*habiletés*. Le *Cri du Peuple* nous fournit lui-même la réponse.

M. VABRE avait une *lettre de service* qu'il menaçait de montrer et qui le nommait grand-prévôt.

Nous représentons l'ordre de service de M. DELAMARCHE; il ne contient rien de semblable.

M. VABRE n'a jamais exercé de commandement dans la garde nationale. Il était fonctionnaire, lorsqu'il fut nommé, après l'affaire du 22 janvier, commandant militaire de l'Hôtel de ville. C'est ce qu'a affirmé un témoin, M. HÉLIGON, sur l'interpellation de Mᵉ LAGUERRE.

M. VABRE n'a jamais été chef d'arrondissement; il a

été fait officier de la Légion d'honneur par la réaction, qui, au même moment, persécutait M. Delamarche.

Aucune assimilation n'est donc possible entre ces deux hommes.

Nous allons d'ailleurs voir M. Delamarche se conformant exactement aux termes de son ordre de service.

Le 22 mai au matin, il apprend que la veille à trois heures, grâce à l'énergie et au sang-froid de M. Ducatel, les troupes ont pénétré dans Paris par la porte de Saint-Cloud. Il part de Versailles à dix heures et demie, sans armes, est à deux heures au château de la Muette et se rend à l'École militaire, ou il arrive entre quatre et cinq heures du soir (1).

Là il apprend que le XIVe arrondissement n'est pas encore délivré.

L'armée était entrée lentement, n'ayant à sa disposition qu'un petit nombre de portes, obéissant d'ailleurs aux instructions qui lui prescrivaient d'occuper en force chaque secteur avant de pénétrer dans un autre. Le soir elle tenait, sur la rive gauche, une ligne qui, partant de la porte de Vanves, s'avançait en pointe jusqu'à la gare Montparnasse, touchait les Invalides et gagnait la Seine au Palais-Bourbon.

Le boulevard des Fourneaux était à l'extrémité de cette ligne.

M. Delamarche, arrivé à Paris à cinq heures, ne pouvait y installer une prévôté à midi. *Il n'y a pas mis les pieds ce jour-là.*

---

(1) Il n'y fut rejoint qu'à sept heures par une partie de son détachement, rentré par la porte de Versailles.

Nous avons sur ce point les témoignages de ceux qui accompagnaient M. Delamarche dans son voyage de Versailles à Paris: MM. Faivre, Lespinasse, Lemonnier, Fribourg. Ils ont couché, avec lui, à l'Ecole militaire.

Le 23, la lutte recommençait avec un terrible acharnement.

Tous ceux qui avaient été entraînés dans l'insurrection par l'ignorance ou la misère, avaient pris la fuite. Il ne restait derrière les barricades qu'un noyau d'hommes dévoués, fanatiques, voyant s'écrouler avec rage ces rêves de prospérité, de rénovation sociale, auxquels ils s'étaient attachés, malgré les démentis que leur donnaient la fortune et les fautes de leurs chefs. Ils se défendaient comme des gens qui n'attendent pas de merci, et qui n'ont de refuge que dans la mort. Ils restaient là, fixés aux pavés, sous les obus et les balles, combattant jusqu'à ce qu'ils fussent tués ou prisonniers.

L'armée régulière, de son côté, était surexcitée par cette lutte des rues, entre de hautes murailles, d'où les coups de feu partaient en avant, en arrière, à droite, à gauche, dans une atmosphère imprégnée de l'âcre odeur de l'incendie, remplie de flammes et de fumée. La répression devient atroce. Toute pitié s'évanouit. Tout homme pris les armes à la main, ou les mains noires de poudre, est fusillé ou traîné devant une Cour martiale.

Ce sont là, Messieurs les jurés, de terribles souvenirs! Il est impossible de les évoquer sans songer à cette parole de Jeanne d'Arc: « Je n'ai jamais vu couler de sang français que les cheveux ne me levassent sur la tête! »

C'est le triste lot des guerres civiles. La responsabilité en retombe tout entière sur ceux qui les provoquent.

Cependant, Messieurs, au milieu de cette lutte acharnée, de ces passions déchaînées, il se trouva des hommes, en trop petit nombre, qui gardèrent leur sang-froid, qui se souvinrent que ceux contre lesquels on combattait, ceux qu'on amenait vaincus et désarmés, étaient des Français et qui, dans cette fièvre de répression, s'efforcèrent encore de faire prévaloir la clémence et l'humanité.

M. Delamarche a été de ceux-là.

Le 23 au matin, il se rend boulevard de Vaugirard. Il attendait là qu'on put pénétrer dans le XIVe arrondissement, lorsqu'on vient lui dire que deux volontaires, Roggen père et fils, ont été arrêtés et conduits à la prévôté des Fourneaux.

Il s'y rend, les reconnaît, court chez le général Levassor-Sorval, et obtient de lui, sur un papier informe, l'ordre de mise en liberté que voici :

« Messieurs Roggen père et fils seront mis en liberté, reconnus innocents, sous la responsabilité du colonel Delamarche.

Signé: Général Levassor-Sorval. »

Il présente cet ordre au lieutenant de gendarmerie (1) faisant fonctions de prévôt et emmène les Roggen. Il sort de la cour de la prévôté, pour n'y plus rentrer. C'est la seule apparition qu'il y ait faite.

(1) Voir aux pièces justificatives, page 257.

Vous avez entendu CYPRIEN, HAITEAU, GOURLOT, qui gardaient l'immeuble ou s'y rendaient fréquemment. Aucun d'eux n'a vu M. DELAMARCHE. Il n'y avait là qu'un lieutenant et un maréchal-des-logis de gendarmerie.

Vous avez entendu les prisonniers : DANNER et ROTY, qui étaient dans la cour, ont vu entrer M. DELAMARCHE et l'ont vu ressortir aussitôt avec les ROGGEN.

EYGUIÈRE, traîné à la prévôté le 23 mai à six heures du matin, n'a pas vu M. DELAMARCHE. CHARDON, conduit à la même prévôté, ne l'a pas vu davantage et, pendant huit jours qu'il a passés au Luxembourg, à l'Ecole militaire, à la caserne Dupleix, il n'a jamais entendu parler de M. DELAMARCHE. Aucun des témoins cités par nos adversaires n'a vu M. DELAMARCHE, aucun n'en a entendu parler.

ROGGEN vous a raconté comment il avait été délivré. Il semblait qu'on voulût insinuer que M. DELAMARCHE n'avait relâché les ROGGEN que pour en faire des espions. GARNIER avait parlé d'un sergent-major et d'un fourrier, qui seraient venus à la barricade des Quatre-Chemins, racontant que M. DELAMARCHE les avait mis en liberté et les envoyait pour conseiller aux autres de mettre bas les armes. Sur ma demande. on a confronté GARNIER avec ROGGEN : il a déclaré qu'il n'avait pas voulu parler de lui.

Il n'y a donc rien de vrai dans la première partie du récit de M. Jules BOULABERT. Nous verrons, en continuant, avec quelle habileté la calomnie est présentée. L'écrivain sait que M. DELAMARCHE a sauvé deux personnes, il sait qu'il est venu en aide aux familles des prisonniers; avec une véritable perfidie, il répond à l'avance à toutes les objections, mélangeant le vrai et le faux.

L'honorable avocat lit la seconde partie du passage incriminé, inséré ci-dessus dans le corps de la requête.

Après cette lecture, il continue ainsi :

Comment un lecteur non-prévenu révoquerait-il en doute un récit aussi mouvementé, enrichi d'un tel luxe de détails? Tout est fait pour tromper le lecteur, jusqu'à cette forme personnelle, qui a quelque chose de vécu :

> Je dirai: J'étais là, telle chose m'advint ;
> Vous y croirez être vous-même.

Ceux que M. DELAMARCHE a sauvés, ceux qu'il a secourus, penseront que la bienfaisance n'y était pour rien : il agissait par caprice ou par intérêt ; d'autres, moins heureux, ont été sacrifiés. « *La veille il faisait fusiller tout le monde; il remplissait la cour de cadavres!* »

M. Jules BOULABERT en est arrivé à détruire la foi, la confiance chez ces hommes, ces femmes, qui depuis quinze ans avaient voué leur reconnaissance à M. DELAMARCHE. N'est-ce pas là la plus cruelle des diffamations?

Tandis que M. BOULABERT représente M. DELAMARCHE aux Fourneaux, s'humanisant le 24, procurant des vivres aux prisonniers, leur permettant de voir leurs femmes et leurs enfants, les faisant partir le 25 pour le Luxembourg, il était installé à la mairie du

XIVe arrondissement, où il était entré le 24 à six heures du matin. Il faisait déblayer les rues, protéger les poudrières, il préservait le quartier d'une explosion ; il sauvait les Enfants-Assistés. Il envoyait de tous côtés des officiers avec des lettres, des certificats pour faire mettre en liberté ceux dont on lui annonçait l'arrestation.

Tous ces faits vous ont été affirmés par de nombreux témoins : M. ANCELET, M. RICARD, M. HÉLIGON, M. FINSTERWALD, M. CROCHET, M. LESPINASSE. Ils ont rappelé un incident remarquable.

Vous savez, Messieurs les jurés, quel débordement de délations suivit la rentrée des troupes ; il y eût là des semaines plus tristes encore peut-être, au point de vue moral, que la semaine sanglante. Sous l'empire de la haine, de la jalousie, de la peur, 175,000 dénonciations furent envoyées à la préfecture de police.

On apporta à M. DELAMARCHE une liste d'hommes ayant pris part à l'insurrection. Il la déchira, la jeta au panier, mit les dénonciateurs à la porte, flétrissant avec indignation ceux qui voulaient faire de nouvelles victimes au lieu de panser les blessures de la guerre civile (1) !

En même temps, des secours étaient donnés aux familles nécessiteuses. Voici les registres, sans marques ni croix rouges : ils constatent que, du 25 mai au 8 juin, on distribua dans le XIVe arrondissement, aux anciens gardes nationaux, pour 26,000 francs de bons de pain et de viande (2).

---

(1) Voir dépositions FINSTERWALD et CROCHET.

(1) Voir aux pièces justificatives, pages 225 à 228, et déposition ROGUES, dernière réponse, sur interpellation de M° LAGUERRE, page 61.

Je rappelle encore que M. DELAMARCHE, après son arrestation au 9 juin, bien que devenu suspect, tracassé par son administration, par la municipalité réactionnaire, par la police, n'en continua pas moins son œuvre d'humanité.

Vous trouverez au dossier, Messieurs les jurés, des documents qui vous édifieront à ce sujet. Dans l'un notamment, daté du 13 juin, il réclame instamment, en invoquant les ordres de clémence qu'il a reçus de l'état-major, la mise en liberté de tous les hommes du 46ᵉ bataillon de la garde nationale, arrêtés en masse le 21 mai (1). Dans un autre, daté du 15 juin, il sollicite l'élargissement des prisonniers ramassés les 3 et 4 avril sur le plateau de Châtillon (2). On a eu égard à ces demandes; presque tous les prisonniers, en faveur desquels elles étaient faites, ont bénéficié d'ordonnances de non-lieu.

Enfin, vous vous souviendrez que M. DELAMARCHE a fréquemment été appelé en témoignage devant les conseils de guerre par les accusés, que ses attestations leur ont valu, le plus souvent, un acquittement ou une atténuation de peine (3).

Je termine en mettant sous vos yeux, Messieurs les jurés, deux documents qui couronnent ce récit.

L'un est une lettre adressée à M. DELAMARCHE par le chef d'état-major de la garde nationale, le 8 juin 1871 :

(1) Voir aux pièces justificatives, page 221.
(2) Voir aux pièces justificatives, page 230.
(3) Voir aux pièces justificatives, pages 240 à 242.

Paris, le 8 Juin 1871.

Mon cher commandant,

Le licenciement de la garde nationale et la prise du commandement des arrondissements de Paris par l'autorité militaire ont mis fin à la mission que je vous avais confiée lors de notre départ de Versailles. Je viens aujourd'hui vous remercier du zèle et du dévouement avec lesquels vous avez accompli la tâche difficile que vous aviez bien voulu accepter.

Croyez, mon cher commandant, à la nouvelle assurance de mes sentiments dévoués et affectueux.

Le colonel, chef d'état-major,

P. O. *Le lieutenant-colonel, sous-chef d'état major général,*

Signé: **P.-B.** DE MORTEMART.

L'autre contient les adieux de M. HÉLIGON, maire du XIVe arrondissement.

Paris, le 24 Juin 1871,

Mon cher DELAMARCHE,

A la veille du jour où chacun de nous va retourner à ses occupations habituelles, je me plais à rendre témoignage de votre conduite publique depuis le moment où le choix de mes concitoyens m'a placé au poste d'administrateur du XIVe arrondissement.

Depuis cette époque j'ai pu constater votre entier dévouement au pays envahi.

Organisateur du bataillon des volontaires de Montrouge, vous l'avez administré et commandé avec honnêteté, honneur et courage.

Aux approches du 18 mars, vous avez avec vigueur tenu tête au comité central et, non content de refuser votre concours au conseil de légion, vous en avez publiquement et par écrit flétri les promoteurs, ce qui vous a contraint de quitter Paris pendant soixante-quatre jours, et rentré de Versailles en compagnie de l'armée, j'ai retrouvé en vous un collaborateur actif et intelligent, grâce à qui j'ai pu très rapidement pacifier les esprits et rétablir les services administratifs de mon arrondissement.

Recevez donc, mon cher DELAMARCHE, avec l'assurance de mon amitié, tous mes remerciements.

Signé: HÉLIGON,
Maire du XIVe arrondissement.

C'est le mot de la fin.

Vous avez entendu les témoins, Messieurs les jurés; vous connaissez les pièces du procès.

Vous comparerez la fable et la réalité.

L'ambitieux féroce, le tigre altéré de sang, le faux bonhomme, c'est celui que tous les témoins nous représentent plein d'humanité, de générosité, de bienfaisance.

Vous comparerez et vous jugerez. Vous jugerez qu'une condamnation est nécessaire. Il faut que votre verdict lave M. DELAMARCHE des accusations téméraires qu'on a portées contre lui.

Ne nous dissimulons pas cependant que de ces calomnies il restera toujours quelque chose; quel que publicité que nous accorde la Cour, beaucoup ignoreront encore son arrêt. Pour eux, M. DELAMARCHE restera, en dépit de tout, le prévôt du XIVe arrondissement, le massacreur de 1871; c'est-à-dire qu'il restera exposé à bien des rancunes et à bien des périls.

Je vous parlais en commençant, Messieurs les jurés, des soupçons, des défiances qui l'ont entouré, lorsque la calomnie a circulé pour la première fois. Aujourd'hui, ce ne sont plus des soupçons ou des défiances, ce sont les menaces qui viennent l'assaillir. J'ai là des lettres qui lui ont été adressées depuis que le feuilleton du *Cri du Peuple* a paru.

En voici une qui porte le timbre de la poste, du 26 octobre 1885.

Elle contient sous la forme la plus grossière, les injures et les menaces les plus violentes:

« Nous renouvellerons, y est-il dit, les massacres de la
« rue Haxo, nous ne laisserons pas debout un seul de vos
« lupanars, c'est-à-dire de vos maisons... Vous êtes 140,000
« bourgeois que nous tuerons... Tu seras marqué d'un fer
« rouge en attendant que tu manges du plomb... Je te ferai
« avaler de force les balles de 71, *car il faudra bien que tu*
« *sortes de la boîte, toi, avec ta rache, et nous vous crève-*
« *rons la paillasse, tas de crapules, voleurs et assassins...* »

Et qu'on ne prétende pas, comme l'a dit le *Cri du Peuple* dans son numéro du 9 novembre qu'il y a là une indignation sincère, des cris de douleur et de rancune qu'on n'a pu contenir! Non, cette lettre est puisée tout entière dans le récit du *Cri du Peuple.* « Vous avez volé, y est-il dit, les enfants de ceux que vous avez tués. » C'est la paraphrase de la note, accusant M. DELAMARCHE d'avoir fondé un asile pour recueillir les enfants de ceux qu'il avait fait fusiller.

Le *Cri du Peuple* n'a rien ménagé d'ailleurs, pour aggraver la diffamation.

Depuis que le procès est engagé, M. DELAMARCHE est presque chaque jour cité dans ses colonnes, et chaque fois injurié.

Pendant quinze jours on a pu lire en bas de la première page, en gros caractères, un avis ainsi conçu:

Tous les citoyens qui, en mai 1871, ont passé par la Cour
martiale du boulevard des Fourneaux (actuellement boulevard de Vaugirard, 8); *tous les habitants du XIV· qui
auraient à nous fournir quelques documents sur le sieur
Delamarche, tous les anciens volontaires de Montrouge* sont
priés de nous écrire ou de passer dans nos bureaux de sept
heures à minuit.

Puis, comme malgré cet appel réitéré, les témoins
ne se pressaient pas dans les bureaux du *Cri du
Peuple*, on s'est mis à leur recherche. Goullé vous disait qu'il avait été chargé de faire une enquête. Oui, on
a parcouru Montrouge, on a battu tout le quartier;
on visitait, on interrogeait, on arrêtait dans les rues
des agents de l'octroi, d'anciens gardes nationaux
tous ceux qui pouvaient avoir quelque sujet de mécontentement contre M. Delamarche.

Cela ne suffisait pas encore. On a organisé une
réunion publique. Voici la convocation que je trouve
dans le *Cri du Peuple* du 1er décembre:

PARTI OUVRIER (*Agglomération parisienne*).

—Cercle collectiviste révolutionnaire du XIV·.—Réunion
publique à huit heures et demie du soir, salle des Mille-
Colonnes, 20, rue de la Gaîté, sous la présidence du citoyen
E. Vaillant, conseiller municipal.—L'affaire Delamarche
devant la justice du peuple; les pourvoyeurs des Cours
martiales.

Il fallait devancer par la justice du peuple les arrêts
de la justice bourgeoise!

Cette convocation a été faite aussi par affiche.

Voilà un placard rouge, où le nom de M. Dela-

MARCHE apparaît en grosses lettres, et au-dessous: *les Massacres de mai 1871* (1).

M⁰ LAGUERRE. — Le *Cri du Peuple* est étranger à cette réunion.

M⁰ A. LEDRU. — Je comprends vos dénégations. La réunion n'a pas réussi. Quand le 2 décembre, nous avons ouvert votre journal pour lire le compte-rendu, il y avait bien un titre: l'*Affaire* DELAMARCHE, mais au-dessous figuraient simplement les noms de Messieurs les jurés. Nous savons cependant ce qui s'est passé *salle des Mille-Colonnes;* un citoyen, à la voix retentissante, a appelé à la tribune ceux qui avaient quelque révélation à faire sur M. DELAMARCHE; personne ne s'est présenté. Après de vagues généralités sur les massacres de 1871, on a repris les tirades ordinaires contre l'infâme capital.

Mais n'est-ce rien que ces appels à la dénonciation, ces excitations à la vengeance, ces haines, ces menaces accumulées sur le nom de M. DELAMARCHE?

Certes, il a l'âme assez ferme pour n'en être point ébranlé; il a bravé d'autres périls. Mais il a, près de lui, des personnes à qui sa vie est chère, et que de semblables violences affectent profondément.

Pendant que ces écrits vont ainsi porter le trouble dans l'existence et dans l'entourage de M. DELAMARCHE, il y a, dans un bureau de rédaction, des journalistes qui, sur leurs fauteuils, les pieds au feu, supputent tranquillement les bénéfices que leur rapportera leur petite diffamation.

Ne vous y trompez pas, Messieurs les jurés. On

(1) Voir aux pièces justificatives, page 232.

vous parlera de propagande révolutionnaire, de sacrifices à une noble cause! Allons donc!

Il n'y a là que des spéculateurs, des gens, —quelques-
uns haut placés, —qui s'occupent, avant tout, de *faire
fructifier leurs fonds!* Leur seul souci est de savoir
si les pertes seront inférieures aux bénéfices, si le
risque couru, l'amende, les dommages-intérêts, la
prison, — car on double pendant ce temps-là les appointements du gérant — si tout cela sera égalé ou dépassé
par la vente du journal.

Le jour de l'affaire Ballerich, le tirage a monté de
30,000 à 80,000 exemplaires!

Voilà pourquoi, Messieurs, nous demandons à la
Cour, par nos conclusions, de condamner le *Cri du
Peuple* à 5,000 francs de dommages-intérêts.

Quand on fait un semblable métier, ce n'est pas
pour l'honneur, c'est pour l'argent. C'est à la caisse
qu'il faut frapper. Il faut que la calomnie coûte assez
cher pour qu'on ne soit plus tenté de mettre en ba-
lance d'une part la réputation d'un honnête homme,
de l'autre les bénéfices d'un journal!

Voilà, Messieurs les jurés, l'œuvre de protection à
laquelle nous vous convions.

Je suis, quant à moi, partisan de la liberté absolue
de la presse. Je crois qu'on doit pouvoir tout dire et
tout écrire, mais à une condition: c'est qu'à une
grande somme de liberté corresponde une grande
somme de responsabilité.

Un orateur antique, terminant une harangue dans
laquelle il demandait justice de ses diffamateurs,
disait à ses juges: « Vous allez, au sortir d'ici, rentrer librement chez vous; vous irez, vous viendrez; les

uns se rendront au théâtre, les autres au bain ; ceux-ci iront surveiller le travail de leurs esclaves. Vous marcherez tous, confiants dans la protection de la loi dans les garanties de la justice. Cette protection, cette garantie, qui font votre sécurité, est-ce que vous pouvez me les refuser ? »

Messieurs les jurés, je vous dis à mon tour :

La loi qui nous défend, la loi qui nous protège, vous allez en faire l'application. Vous allez à la fois, par votre verdict, mettre un frein à d'intolérables excès de plume et rendre à M. DELAMARCHE ce qu'on s'est efforcé de lui ravir, ce qui lui est plus précieux que la vie : l'estime, la considération publique, son honneur de soldat et de citoyen !

Après l'éloquente plaidoirie de Mᵉ A. LEDRU, qui se distingue par la force de l'argumentation appuyée sur des documents officiels d'une valeur incontestable et la modération qu'il apporte dans la discussion, la parole est donnée à M. BANASTON, avocat général, dont le réquisitoire également très modéré dans la forme, peut se résumer ainsi :

Réquisitoire de M. l'avocat général BANASTON

M. l'avocat général BANASTON définit le délit de diffamation et précise le débat au point de vue juridique.

Il relève plusieurs passages du feuilleton incriminé comme ayant, au premier chef, le caractère d'atteinte à l'honneur et à la considération de M. Delamarche.

Cependant, il s'agit d'un fonctionnaire public; les rédacteurs du *Cri du Peuple* devraient être acquittés s'ils avaient prouvé que la conduite de M. Delamarche a bien été celle qu'on lui prête. Ils n'ont point fait cette preuve; parmi les témoins entendus, aucun n'a vu M. Delamarche présider un tribunal militaire, tous au contraire indiquent l'emploi de son temps pendant la semaine de mai et attestent sa conduite pleine d'humanité.

Avant d'assister à l'audience, continue M. l'avocat général, je ne connaissais pas M. Delamarche; maintenant, après ces débats, après l'audition des témoins, je dois déclarer, c'est ma conviction, que M. Delamarche est un honnête homme.

M. l'avocat général apprécie le rôle honorable de M. Delamarche qui a empêché les explosions, les incendies dans son quartier.

Il rappelle un détail touchant rapporté par un témoin. C'est à lui que les Enfants-Assistés, au nombre de 600, ont dû d'être recueillis et nourris (1).

J'ai retenu aussi, ajoute-t-il, ce qu'a dit le vingt-deuxième témoin, que M. Delamarche avait dissuadé les volontaires de servir l'insurrection en leur tenant ce patriotique langage: « *Il ne faut pas, en présence des Prussiens qui occupent notre territoire, nous battre entre nous.* »

Il ajoute encore que les prévenus ne sauraient arguer de leur bonne foi; car, s'il en était ainsi, ils auraient

(1) Voir aux pièces justificatives, page 216, et déposition Hélicos, page 68.

dû, depuis qu'ils ont reçu la citation de M. DELAMARCHE s'enquérir auprès de témoins sérieux, ce qu'ils n'ont pas fait.

Il conclut en disant que, sur la question d'injures, il ne croit pas qu'il y ait lieu de retenir la plainte ; mais, que sur la question de diffamation, la culpabilité est certaine, et qu'une peine doit être appliquée. Quant à sa quotité, M. l'avocat général déclare s'en remettre à l'appréciation du jury et de la Cour.

L'audience suspendue vers six heures est reprise à huit heures.

La parole est donnée à Mᵉ LAGUERRE, avocat des prévenus.

Plaidoirie de Mᵉ LAGUERRE

Résumé (1)

Mᵉ LAGUERRE, après s'être amèrement plaint de l'*hostilité* du président des assises et du parquet, et des *violences* de l'avocat de M. DELAMARCHE, affirme que le récit de M. Jules BOULABERT a été fait de bonne foi, en exil, d'après les souvenirs de ses compagnons de captivité, notamment du citoyen BELOT, mort sur les pontons en 1871. Il a été terminé à la presqu'île Ducos le 1ᵉʳ janvier 1878 ; l'aspect du manuscrit, la couleur jaune du papier, la nuance rouillée de l'encre en font foi.

(1) La plaidoirie de Mᵉ LAGUERRE a été publiée dans les nᵒˢ du *Cri du Peuple* des 8 et 9 décembre.

Non-seulement l'auteur a agi de bonne foi, mais son œuvre est d'*une modération qui étonne.*

M⁰ Laguerre retrace longuement le *thédtre du drame,* le massacre ordonné par la Cour martiale de la rue des Fourneaux.

L'histoire en est difficile à reconstituer. Parmi les témoins, les uns sont morts, les autres disparus; les survivants sont *terrorisés* par M. Delamarche, *tyran de son quartier.*

M⁰ Laguerre s'efforce de démontrer que si M. Delamarche ne faisait pas partie de la Cour martiale, il devait y jouir d'une certaine influence. Il a produit, il est vrai, un ordre de service qui lui assignait un rôle tout différent; puis une lettre signée Mortemart, où on le remercie de la manière dont il a accompli sa mission. N'y avait-il pas une troisième pièce, qu'on ne produit pas, *un ordre de service pour la guerre des rues?*

M⁰ Laguerre flétrit le rôle des gardes nationaux à brassards, qui indiquaient les victimes aux officiers de l'armée, et laisse entendre, sans l'affirmer toutefois que M. Delamarche a pu être de ceux-là.

Enfin, d'après lui, ce procès vient trop tard; depuis six ans, des journaux tels que l'*Intransigeant,* attaquaient M. Delamarche et mettaient son honneur en doute; pourquoi a-t-il tant attendu pour se fâcher?

M⁰ Laguerre termine en adjurant le jury de ne pas rendre contre ses clients un verdict de condamnation qui serait la réhabilitation de M. Delamarche. Quant à moi, dit-il, j'attends avec confiance votre décision. Le jury n'a jamais condamné le *Cri du Peuple.* Le verdict d'acquittement que vous allez rendre sera la

11.

justification de notre conduite; il affirmera que ce que nous avons dit, nous avions le droit de le dire.

La parole est donnée à M⁰ A. Ledru, qui réplique ainsi:

Réplique de M⁰ Alphonse LEDRU

Messieurs les Jurés,

Je ne puis laisser passer, sans une protestation énergique, les dernières paroles de M⁰ Laguerre. Comment! Il est obligé de reconnaître que le récit de M. Jules Boulabert est inexact et erroné; il s'est trouvé dans l'impuissance de produire un fait, un document, un témoignage quelconque à l'appui de ses allégations, et il s'obstine à accuser et à calomnier encore! Avec cette hauteur d'expression dont il a le secret, il a fait la leçon à tout le monde. Personne n'a échappé à ses critiques. J'en ai eu ma petite part. Il a bien voulu me donner quelques avis confraternels. On aurait cru véritablement entendre un des anciens de notre ordre admonestant quelque jeune stagiaire... Vous oubliez, mon cher confrère, que vous étiez encore sur les bancs du collège, quand je défendais, devant les conseils de guerre, les malheureux que vos amis avaient entraînés dans l'insurrection!

Vous avez prononcé deux mots que je retiens. Vous avez reconnu que l'honneur de M. Delamarche avait été durement compromis. Vous avez dit ailleurs, — j'ai écrit sous votre dictée, — que la calomnie serait odieuse, si aucun des faits allégués n'était prouvé. Vous avez, par là même, prononcé la condamnation du *Cri du Peuple* et fait entendre contre vos clients le plus énergique réquisitoire.

N'essayez pas d'invoquer la bonne foi de M. Boula-bert. Ne vous abritez pas derrière cet inconnu, que vous appelez Belot, et dont vous prétendez reproduire les révélations. Renoncez à votre histoire de papier jauni et d'encre rouillée. Que m'importe tout cela? Qu'importe que votre roman ait été écrit en 1877? Qu'importe encore qu'il soit daté de la presqu'île Ducos! Vous l'avez publié en 1885; de 1877 à 1885, vous aviez le temps et le devoir de prendre vos renseignements, de vous informer, et de ne pas calomnier à la légère. Vous auriez appris la vérité de la bouche des anciens prisonniers qui sont venus à cette audience, qui ont témoigné qu'à Versailles, sur les pontons comme en Nouvelle-Calédonie, tous — sauf le peu reconnaissant Kayl, — disaient du bien de M. Delamarche. Vous étiez averti d'ailleurs par les polémiques des journaux, par les déclarations de M. Delamarche, par ses nombreuses lettres à l'*Intransigeant*.

Vous me demandez pourquoi nous n'avons pas poursuivi l'*Intransigeant*, pourquoi nous avons tant tardé à faire ce procès. Comparez votre récit à l'entrefilet de l'*Intransigeant*, et vous reconnaîtrez que si l'un appelait une simple rectification, l'autre exige une réparation plus complète.

Et puis, est-ce bien vous qui osez me poser une semblable question, me reprocher d'avoir tardé à saisir la justice, après les insultes dont vous venez d'accabler M. Delamarche? Croyez-vous qu'on s'expose de gaité de cœur à subir, après les diffamations du journal, après les commentaires qui l'ont suivi, les injures de l'avocat?

Il vous suffit, pour traîner un homme sur la claie, d'imaginer des documents, de lire entre les lignes, de vous livrer à des inductions plus ou moins ingénieuses! Vous nous présentez un DELAMARCHE qui n'a jamais existé que dans l'imagination de ses adversaires.

A ce portrait fantaisiste j'en oppose un autre. Il n'a pas été fait par moi; il a été fait par les témoins, qui ont déposé à cette barre, sous la foi du serment, sous l'empire d'un sentiment, qui n'est pas, croyez-le bien, celui de la terreur, mais qui est plus fort que la crainte: le sentiment de la reconnaissance, de l'estime, de la considération pour les services rendus!

Vous avez laissé entendre que l'acquittement du *Cri du Peuple* serait la condamnation de M. DELAMARCHE. Vous avez raison: il faut que quelqu'un sorte d'ici condamné. Je suis sans inquiétude: le jury n'hésitera pas entre ceux qui accusent sans preuves, et celui qui, sans être obligé de rien prouver, a trouvé dans la bouche de tous les témoins, des vôtres comme des siens, la plus complète et la plus éclatante des justifications!

M. le Président demande à BOULABERT s'il a quelque chose à ajouter pour sa défense.

BOULABERT renouvelle la déclaration faite par lui au commencement de l'audience, qu'il tient de BELOT, mort à Brest à bord de l'Hermione, ce qu'il a dit de M. DELAMARCHE.

Il ajoute qu'il a été très modéré, qu'il aurait encore eu beaucoup de choses à dire de M. DELAMARCHE. On vient de lui apporter une lettre où on dit qu'il a laissé une de ses compagnies en plan à Buzenval...

A ces derniers mots, de violentes rumeurs s'élèvent dans le fond de la salle; ce sont les volontaires de Montrouge qui assistent en grand nombre au procès, et qui protestent avec indignation contre cette dernière calomnie lancée à leur ancien chef, par le principal accusé (1).

M. DELAMARCHE se lève et demande la parole.

M. le président lui fait observer que les accusés doivent toujours parler les derniers; en conséquence, il ne peut lui accorder la parole (2).

M. le président prononce la clôture des débats et invite Messieurs les jurés à se retirer pour délibérer sur les questions posées.

VERDICT DU JURY

Le jury rapporte un verdict affirmatif sur la question de diffamation; déclarant en outre

(1) Voir aux pièces justificatives, page 231, protestation des volontaires.
(2) Voir page 137 déclaration de M. DELAMARCHE.

que les prévenus n'ont pas fait la preuve des faits allégués par eux; négatif sur celle d'injures et sur la circonstance de fonctionnaire public. Des circonstances atténuantes sont accordées aux prévenus.

Après la lecture du verdict du jury, M⁰ LAGUERRRE développe les conclusions précédemment prises au nom de M. le docteur GUÉBHARD pour le faire mettre hors de cause. L'article 44 de la loi du 29 juillet 1881, édictant la responsabilité civile des propriétaires de journaux, ne lui est pas applicable. Il n'est pas propriétaire du *Cri du Peuple* et ne l'a jamais été. M⁰ LAGUERRE fait d'ailleurs passer sous les yeux de la Cour une pièce d'où il résulte qu'il est intervenu entre MIVIELLE et le docteur GUÉBHARD un traité modifiant la situation de ce dernier.

M⁰ LEDRU réplique. — Le traité dont parle M⁰ LAGUERRE est une simple déclaration faisant savoir à la préfecture que MIVIELLE devient gérant du *Cri du Peuple*, cela n'a aucun rapport avec la propriété du journal. Cet acte est d'ailleurs postérieur à la publication des articles incriminés.

La situation du docteur GUÉBHARD a été établie devant la Cour d'assises lors de l'affaire Ballerich. M. TOVNE, imprimeur, a déclaré qu'il avait un traité avec M. le docteur GUÉBHARD pour l'impression du journal « c'est, a-t-il ajouté, M. le docteur GUÉBHARD qui s'occupe de tout. Le journal a un tirage de 30,000 exemplaires, ce qui donne un bénéfice net de 400 francs par jour. Le jour du crime, le tirage s'est élevé à

8o,ooo exemplaires. » De son côté, M. le docteur
GUÉBHARD mis en demeure par M. le président des
assises de faire connaître l'auteur de l'article ou de
dire si c'était lui qui l'avait écrit, a répondu : Je suis
absolument étranger à la rédaction, *je ne m'occupe que
des fonds que j'ai dans le journal et de la manière
dont je dois les faire fructifier.* » M. GUÉBHARD faisant
fructifier les fonds, traitant avec l'imprimeur a donc
bien fait acte de propriétaire, et il doit supporter la
responsabilité civile des peines encourues par le
gérant et l'auteur des articles condamnés.

Après en avoir délibéré, la Cour rend l'arrêt
suivant;

ARRÊT DE LA COUR (1)

EXTRAIT

La Cour: Considérant qu'il résulte de la déclaration du jury que MIVIELLE et J. BOULABERT
sont coupables, savoir:

Ledit MIVIELLE d'avoir, dans le département
de la Seine, à l'aide d'un écrit imprimé, vendu
et distribué publiquement, mis en vente et

(1) Voir aux pièces justificatives, page 212. Exécution de l'arrêt et emploi
de la somme de 4,000 francs allouée à M. DELAMARCHE à titre de dommages-
intérêts.

exposé dans les lieux publics, allégué un fait portant atteinte à l'honneur et à la considération du sieur DELAMARCHE, et par conséquent diffamé celui-ci en publiant, en sa qualité de gérant du journal le *Cri du Peuple*, dans les n°° 653 et 656 de ce journal, portant les dates des 12 et 15 août 1885, un roman-feuilleton intitulé: les *Vaincus de 1871*, commençant par ces mots: « Vous vous rappelez que, blessé le 12, à Vaugirard, j'allai... et si on arrivait boulevard des Fourneaux, en l'absence de DELAMARCHE... » et finissant par ceux-ci: « Voici, du reste, comment les choses se passaient devant cette juridiction provisoire... et enfin, entre lui et les prévôts que nous allions rencontrer, il y avait une différence. »

Ledit BOULABERT de s'être rendu complice du délit ci-dessus qualifié à la charge de MIVIELLE, en donnant à celui-ci des instructions pour le commettre, et en rédigeant et remettant audit MIVIELLE, pour être publiés dans le journal le *Cri du Peuple*, les articles ci-dessus désignés, et en procurant ainsi sciemment à ce dernier le moyen de commettre ledit délit; qu'il résulte encore de la déclaration du jury qu'il existe en faveur des deux prévenus des circonstances atténuantes. Considérant que les faits déclarés constants par le jury constituent les délits prévus et punis par les articles 23, 28, 29, 32, 49 et 60 de la loi du 29 juillet 1881, modifiés par les articles 64 de la même loi et 463 du code pénal.

Faisant application desdits articles dont lecture a été donnée par le président, condamne MIVIELLE et Jules BOULABERT chacun à deux mois d'emprisonnement et 1,000 fr. d'amende et ce par corps. Ordonne la saisie et la suppression des exemplaires qui seraient mis en vente, exposés ou distribués dans les lieux publics. Et, statuant sur les conclusions de DELAMARCHE partie civile, en ce qui concerne les dommages-intérêts, considérant qu'un dommage a été causé à DELAMARCHE et qu'il lui est dû réparation, que la Cour a les éléments nécessaires pour apprécier l'importance de ce dommage;

Condamne MIVIELLE et BOULABERT solidairement et par corps à payer à DELAMARCHE la somme de 4,000 francs à titre de dommages-intérêts.

Ordonne en outre l'insertion du présent arrêt dans dix journaux de Paris, au choix de la partie civile, sans que le coût de chacune de ces insertions puisse excéder 100 francs.

Vu l'article 368 du Code d'instruction criminelle, l'article 18 de la loi du 5 mai 1855, les articles 55 du Code pénal pour la solidarité et 9 de la loi du 22 juillet 1867 sur la contrainte par corps;

Les condamne envers l'État et par corps solidairement aux frais du procès. Fixe à six mois contre chacun d'eux la durée de la contrainte par corps, s'il y a lieu de l'exercer pour le recouvrement des amendes, dommages-intérêts et frais. Statuant sur les conclusions de la partie civile et du docteur Guébhard en ce qui concerne la responsabilité de celui-ci, au point de vue pécuniaire; considédérant qu'aux termes de l'article 44 de la loi du 23 juillet 1881, les propriétaires des journaux sont responsables des condamnations pécuniaires prononcées contre les gérants ou auteurs de ces journaux;

Considérant que le docteur Guébhard, a déclaré dans une instance judiciaire qu'il fournissait des fonds au journal le *Cri du Peuple* et qu'il s'occupait de la manière dont il pouvait les faire fructifier; que l'imprimeur du journal a déclaré de son côté, dans la même instance, qu'il avait un traité avec le docteur Guébhard pour l'impression du journal et que c'était celui-ci qui s'occupait de tout.

Considérant que, cité dans le procès actuel par Delamarche, en sa qualité de propriétaire du journal, il a répondu à cette citation par acte d'huissier en date du 14 novembre 1885, en tant que de besoin, mais en notifiant les pièces dont il avait l'intention de se servir pour faire la preuve et les noms des témoins qu'il voulait faire entendre; considérant que Mivielle a déclaré, il est vrai, qu'un traité était intervenu modifiant la situation du docteur Guébhard vis-à-vis du journal, mais que ce traité était postérieur aux faits incriminés;

Considérant que le docteur Guébhard, qui n'a protesté qu'à l'audience de ce jour, par des conclusions d'avoué, contre la qualité de propriétaire du journal qui lui est attribuée, n'a produit ni documents ni preuves d'où il puisse résulter un changement dans sa situation, à l'encontre dudit journal, à l'époque des faits délictueux.

Par ces motifs, lui faisant application de l'article 44 de la loi du 29 juillet 1881, le déclare responsable des condamnations pécuniaires prononcées au profit de Delamarche.

Par arrêt en date du 29 janvier 1886, la Cour de cassation a rejeté le pourvoi formé par Mivielle, Boulabert et Guébhard, contre l'arrêt ci-dessus.

REMARQUE

SUR UN INCIDENT D'AUDIENCE

Ainsi que le lecteur a pu le remarquer, vers la fin des débats de ce procès, M. Delamarche a demandé la parole pour répondre aux déclarations de M. Boulabert, ainsi qu'à certaines parties de la plaidoirie de Mᵉ Laguerre. M. le président de la Cour d'assises, usant de son pouvoir discrétionnaire, n'a pas cru devoir lui accorder cette satisfaction, se fondant sur ce principe : que les accusés doivent toujours parler les derniers.

M. Delamarche n'avait qu'à s'incliner devant la décision de M. le président; c'est ce qu'il a fait.

Toutefois, il aurait bien désiré, lui, qui par un sentiment de dignité et de convenance, a subi sans répondre, toute une série d'attaques avant le procès, pouvoir exposer lui-même en quelques mots, quelle a été sa conduite pendant les événements de 1871, quelles sont, d'après lui, les origines des calomnies dont il a été l'objet et quel a été le mobile de ses détracteurs.

Ne pouvant s'adresser au jury et à la Cour, il a pensé qu'il devait soumettre ces quelques explications au public, plus particulièrement à ceux de ses concitoyens qui ont été ses collaborateurs dans la fondation, l'administration et la direction des sociétés populaires, coopératives, de secours mutuels ou d'instruction auxquelles il s'est consacré depuis vingt-cinq ans.

Cette déclaration ne pouvait être introduite dans le corps du procès, c'est pourquoi nous la plaçons ici comme document à consulter à l'appui des débats.

Déclaration de M. DELAMARCHE

Je déclare sur l'honneur que j'ai refusé d'entrer dans le mouvement insurrectionnel du 18 mars 1871, le considérant, en présence de l'ennemi, comme contraire aux intérêts de la France et de la République.

J'ai dû quitter Paris, non de mon plein gré,

mais devant les menaces de malheureux inconscients que, vainement, j'ai essayé d'éclairer sur l'issue fatale d'un tel soulèvement en de pareilles circonstances.

Si j'avais pu rester à Paris, j'aurais joint mes efforts à ceux des membres de la ligue des droits de Paris, pour tâcher d'amener, sans effusion de sang, la cessation d'une lutte fratricide.

Les opinions de toute ma vie, mes relations, mes amitiés, me classaient parmi les hommes de ce groupe.

Retiré à Versailles, j'ai suivi la même ligne de conduite, dans le milieu où je me trouvais placé par les événements.

En dehors de toute question politique, dans cette ville, j'ai considéré comme un devoir de m'employer pour secourir, à la demande de leurs familles, ceux de mes compagnons d'armes du siège, qui avaient été faits prisonniers les 3 et 4 avril au plateau de Châtillon.

Me souvenant des journées de juin 1848, et, m'inspirant de l'exemple donné à cette époque par ceux des chefs du parti républicain qui s'interposèrent entre les combattants, dans un but de conciliation, je suis rentré à Paris avec la pensée systématiquement arrêtée de sauvegarder, dans la mesure de mes forces, la vie et la liberté de ceux de mes concitoyens qui avaient été entraînés dans l'insurrection, sous l'empire de circonstances plus fortes qu'aucune volonté humaine. J'étais d'accord en cela avec M. HÉLIGON, maire du XIVe arrondissement, et tous les officiers qui avaient accepté de me suivre dans cette circonstance.

Mon ordre de service, qui fixe d'une manière nette et précise les fonctions que j'ai acceptées, et toutes les instructions reçues par moi, m'autorisaient à agir comme je l'ai fait.

C'est en arguant de ces ordres auprès des généraux; c'est en insistant sur la nature conciliatrice de la mission qui m'avait été confiée, c'est en plaidant sans relâche les circonstances atténuantes en faveur de la population du XIVe arrondissement, si éprouvée pendant le siège, que j'ai pu obtenir d'eux, la mise en liberté d'un grand nombre de prisonniers.

J'ai rempli cette mission, que je m'étais imposée comme un devoir civique, non sans dangers, et au milieu de suspicions et de rebuffades sans nombre, qui s'accrurent avec l'intensité de la lutte.

Cette conduite, toute d'humanité, et mon action républicaine, dans le XIVe arrondissement, au lendemain des événements (1), m'ont valu pendant plusieurs années, les persécutions et les tracasseries de la municipalité réactionnaire, de certains de mes chefs d'administration, maintenant morts ou en retraite, et de la police.

Quant aux calomnies qui ont motivé ce procès, elles ne viennent point de la Calédonie; la forme et le fond de l'article déféré à la justice, à défaut d'autres renseignements que je possède, l'indiqueraient déjà suffisamment; mais ce qui le prouve mieux encore, c'est que douze ou quinze citoyens, anciens détenus des prévôtés, des prisons de Versailles, des pontons ou de la Calédonie, cités comme témoins par le *Cri du Peuple* ou par moi, sont venus déclarer, sous

(1) Au milieu du désarroi général, voici ce que j'ai fait, dès le lendemain de la Commune, pour reconstituer le parti républicain dans mon arrondissement, dont l'administration venait d'être livrée à un ancien adjoint de l'empire.

Le 21 Juin 1871, je fondais la bibliothèque populaire, qui réunit bientôt six cents adhérents d'opinion républicaine.

Quelques jours après, je menais la campagne aux élections législatives complémentaires du 2 Juillet.

En Août, j'organisais les comités électoraux qui présidèrent aux premières élections municipales de Paris, et qui choisirent pour candidats : MM. Jacques, pour le quartier de Plaisance; Beaudoux, pour celui de la Santé; Asseline, pour le Petit-Montrouge; et Delattre, pour Montparnasse.

Ceux de ces honorables citoyens qui habitaient l'arrondissement, se joignirent à moi, avec le zèle le plus louable, pour achever l'œuvre entreprise à l'égard des prisonniers.

la foi du serment; les uns, qu'ils ne me connaissaient pas; les autres, qu'ils n'avaient entendu dire que du bien de moi pendant leur détention.

Ces calomnies ont été déposées, en 1879, comme un germe empoisonné, au cercle républicain du XIV⁰ arrondissement (1), par quelques ennemis personnels, dans un but de vengeance particulière (2).

Les mêmes individus, profitant de l'ardeur des luttes électorales, abusant de la passion ou de la bonne foi de certains publicistes, prenant le prétexte de la politique, les ont propagées dans quelques journaux, en 1880 et 1881.

Ces calomnies, portées de la même manière au *Cri du Peuple*, y ont été accueillies et intercalées dans le roman les *Vaincus*, vers le

---

(1) Je regrette d'être obligé de parler du cercle, compagnie dans laquelle se trouvent un grand nombre d'hommes pour lesquels j'ai la plus grande estime. Mais mes détracteurs, dans les journaux et au procès, ayant toujours mêlé le cercle à leurs attaques, afin sans doute de leur donner quelque autorité, je suis obligé de les suivre sur ce terrain.

(2) J'ai surpris l'un de ces hommes me diffamant, une première fois il se déroba, disant qu'il n'avait jamais tenu de mauvais propos sur moi,

Une deuxième fois, entouré d'acolytes, il eut l'impudence de me déclarer que ce qu'il disait était faux, mais qu'après cela il y aurait autre chose.

Il a tenu parole, car j'ai entre les mains la preuve que, peu après ce procès, il colportait de nouvelles calomnies sur mon compte, dans les milieux qu'il fréquente.

milieu du mois d'août 1885, à l'ouverture de la
période électorale, dans le but de neutraliser
l'influence que je puis avoir auprès de mes
concitoyens ; et alors, ce que n'ignoraient
sans doute pas les instigateurs de la calomnie,
que j'étais en vacance à 80 lieues de Paris.

C'est cet éloignement qui a motivé le retard
apporté dans mon instance auprès des tribunaux.

Après cette déclaration, ai-je besoin de dire,
ce que je fais néanmoins, pour éviter toute
équivoque possible, que je n'ai été ni prévôt,
ni président de Cour martiale, pas plus au boulevard des Fourneaux qu'ailleurs ; ce que les
débats ont surabondamment démontré d'ailleurs, et que les seuls rapports que j'ai eus avec
les autorités chargées de la répression ont con-
sisté dans les démarches que, spontanément ou
sur la demande des intéressés ou de leur famille,
j'ai faites, par bon cœur, à mes risques et
périls, pour soulager ou faire remettre en
liberté un grand nombre de citoyens.

Le récit du *Cri du Peuple* est donc absolument mensonger ; et il a fallu que ceux qui ont
lancé cette abominable calomnie méconnussent
mon caractère, l'œuvre de toute une vie honorable, et joignissent une bien grande audace,

beaucoup de méchanceté à beaucoup d'ignorance des choses du XIVe arrondissement en
1871, pour oser m'imputer de pareils actes.

Il est de notoriété publique, dans cet
arrondissement, que je n'ai jamais cessé d'habiter, que ma conduite a été toute contraire.

REVUE DES JOURNAUX

des 6-7 Décembre 1885

Le bruit fait par le journal le *Cri du Peuple* à l'occasion de ce procès, avait amené au palais un grand concours de chroniqueurs judiciaires, aussi le banc des journalistes était-il au grand complet.

Il nous a semblé intéressant de rapporter dans ce volume, et sans commentaires, l'appréciation, au lendemain de l'audience, des divers organes de la presse parisienne, sans acception de nuances politiques.

Le lecteur pourra, pensons-nous, dans l'examen de cet ensemble, se faire une idée exacte de la physionomie de l'audience et de l'impression causée sur l'auditoire par les débats que nous avons reproduits plus haut (1).

(1) Les journaux judiciaires, la *Ga: des Tribunaux*, le *Droit*, la *Loi*, ont fait un compte-rendu parfaitement impartial et très étendu de l'affaire. Toutefois, comme ces journaux suivant leur usage, ne se livrent à aucune appréciation, nous n'avons pas cru devoir reproduire leur texte dans cette revue; c'eût été en réalité recommencer le compte-rendu du procès qui forme la première partie de cette brochure. En consultant ces journaux on constatera l'exactitude et l'impartialité de notre travail.

L'ÉVÉNEMENT

Consacre un article aussi élevé de style que de pensée à ces débats, soulevés si malencontreusement, dit-il, par les passions révolutionnaires.

Nous croyons devoir reproduire dans son entier cette remarquable appréciation.

Toutes les passions de l'horrible guerre civile de 1871, on le sait, ne sont pas apaisées, malgré l'amnistie; les vaincus de ces lugubres journées, surtout, sont encore animés de haines vivaces et violentes, qu'ils dirigent, aveuglément, non seulement contre ceux qui ont participé à la répression, mais encore contre les hommes, non moins fermes, qui ont cherché, selon une expression pittoresque que nous entendions rappeler hier, « à servir de tampon entre l'armée et la population insurgée ».

Au nombre de ces derniers s'est trouvé M. Paul Delamarche, chef de bataillon des volontaires de Montrouge, commandant supérieur des gardes nationales du XIVᵉ arrondissement de Paris, pendant le siège, et décoré pour sa belle conduite au combat de Buzenval, un des républicains les plus honorables et les plus estimés du quartier de Montrouge.

M. Paul Delamarche, ayant résolument refusé de faire partie de la Commune et n'étant rentré à Paris, en mai 1871, que pour s'employer à sauver les égarés qui lui paraissaient dignes de clémence et de pitié, les autres ne le lui ont pas pardonné; ils ont construit contre lui, sur les pontons et dans les lieux de déportation, une légende calomniatrice épouvantable qui, depuis le retour des condamnés, a circulé, en grossissant autour de lui.

D'abord, cette légende est restée mystérieuse, et M. Delamarche ne l'a point connue; puis elle s'est mise à siffler, venimeuse, dans les réunions publiques, dans les comités électoraux, dans des entrefilets de journaux avancés; chaque fois qu'il pouvait la voir lever la tête, M. Delamarche cherchait à l'étreindre, et il a protesté avec énergie, par la parole et par la plume, en maintes occasions, dans l'espoir d'en triompher.

Néanmoins, la fantasmagorie a pris corps de plus en plus dans ces imaginations prévenues qui l'enfantaient, et, finalement, M. Delamarche a pu la voir s'étaler audacieusement, dans un roman-feuilleton intitulé: les *Vaincus de 1871*, publié dans le *Cri du Peuple* et signé par M. Jules Boulabert.

Dans un de ces feuilletons, il était dit, en effet: que « M. Delamarche avait présidé une Cour martiale, à partir du 22 mai 1871, rue des Fourneaux; » que « cette Cour s'acquittait avec férocité de sa sanguinaire mission »; que lorsqu'on lui amenait des prisonniers, M. Delamarche « auscultait ses petites haines et ses grandes rancunes »; que « à la galope, comme par dessous la jambe » il les faisait fusiller; « qu'il a rempli de cadavres la vaste cour de l'imprimerie située en face du dépôt des pompes funèbres »; enfin, « qu'un galérien, même au prix de sa liberté, n'eût pas voulu remplir la mission sollicitée et acceptée par M. Delamarche ».

C'était net et précis, n'est-ce pas?

Eh bien, toutes ces accusations s'appliquaient aussi légitimement à M. Delamarche qu'à moi où à vous, lecteur.

Cela a été péremptoirement démontré hier, à la Cour d'assises de la Seine, devant laquelle M. Paul Delamarche avait assigné M. Jules Boulabert, auteur du feuilleton; M. Mivielle, gérant du *Cri du Peuple*, et le docteur Guébhard, propriétaire du même journal, en les conviant à faire, par tous moyens, la preuve des faits qu'ils ont articulés contre lui.

Le *Cri du Peuple* avait, à la vérité, fait citer une quinzaine de témoins tels que MM. Camille Pelletan, Alphonse Humbert, Camélinat, qui se sont bornés à donner des indications générales sur le fonctionnement des Cours martiales, en déclarant à l'envi qu'ils ne savaient rien de particulier sur celle de la rue des Fourneaux, et encore moins sur M. Delamarche, qu'ils n'ont jamais vu.

A la fin, la Cour a refusé d'entendre les témoins de cet ordre et Me Laguerre, avocat du *Cri du Peuple*, ayant persisté à réclamer leur audition et pris des conclusions dans ce sens, elle a rendu un arrêt aux termes duquel elle déclare qu'elle est saisie par M. Delamarche uniquement sur un fait particulier, et qu'elle ne saurait entendre des témoins sur le fait général du fonctionnement des Cours martiales de 1871.

Au contraire, M. Delamarche a fait entendre une vingtaine de témoins, tous plus affirmatifs les uns que les autres, dont les dépositions constituent une preuve formellement et surabondamment contraire aux accusations du *Cri du Peuple*, qu'elles anéantissent.

Ainsi l'un de ces témoins déclare que, après la Commune, M. Delamarche, à cause même de l'humanité qu'il avait montrée pendant la guerre civile, était suspecté dans son administration d'avoir pactisé avec les insurgés.

Plusieurs autres membres du bataillon des volontaires de Montrouge déclarent que M. Delamarche a quitté Versailles avec eux le 22 mai seulement.

A leur retour à Paris, ils ont établi un poste à la mairie de Montrouge, pour assurer la sécurité dans l'arrondissement et réorganiser les services municipaux.

M. Delamarche a délivré plusieurs prisonniers, et ses compagnons d'armes n'ont que des louanges à lui adresser pour la manière dont il a dirigé et administré son bataillon.

La Cour martiale fonctionnait déjà rue des Fourneaux quand les membres du bataillon de Montrouge sont rentrés, et le prévôt, un lieutenant de gendarmerie qui la dirigeait, tenait même ces derniers pour suspects.

Aucun de ces témoins n'a quitté M. Delamarche pendant les journées de mai et ils affirment tous que, loin de pousser à la répression, il a fait tous ses efforts pour faire remettre en liberté plusieurs prisonniers.

Un de ces prisonniers et son fils, ouvriers tailleurs, victimes d'une dénonciation calomnieuse, déclarent qu'ils n'ont dû leur élargissement qu'à M. Delamarche; ils attestent en outre que M. Delamarche a fait distribuer des secours aux gardes nationaux nécessiteux et à leurs familles.

Plusieurs personnes arrêtées, qui ont été conduites à la rue des Fourneaux, n'y ont jamais vu M. Delamarche qui, lorsqu'elles étaient sur les pontons, a fait des démarches pour les faire remettre en liberté.

De même, les gardiens de la propriété de la rue des Fourneaux, dans les bâtiments de laquelle se tenait la Cour martiale n'ont jamais vu M. Delamarche à cette Cour martiale.

Le maire du XIVe arrondissement déclare que M. Delamarche ne quittait pas la mairie; il y couchait même. D'ailleurs, M. Delamarche ne songeait qu'à sauver les prisonniers; ses amis, dans son propre intérêt, lui ont même reproché de donner sa recommandation en faveur de gens trop compromis.

Il prodiguait ses apostilles pour les demandes de grâce, d'indulgence et de mise en liberté.

Un ancien garde national étant venu dénoncer ses camarades, M. Delamarche l'a chassé et a déchiré sa liste de dénonciation.

Retenons un fait pittoresque, au milieu de toutes ces déclarations si honorables pour M. Delamarche:

Un prisonnier délivré par M. Delamarche, ne lui a jamais pardonné d'avoir obtenu ce résultat en le faisant passer pour un pauvre imbécile, ne sachant ni lire ni écrire.

La vanité a étouffé chez cet individu la reconnaissance.

Bref, le récit du *Cri du Peuple* n'est qu'une légende et une calomnie sans la moindre base.

C'est ce qu'ont soutenu successivement Me Ledru, au nom de M. Delamarche, partie civile, et M. l'avocat général; puis Me Laguerre a présenté la défense du *Cri du Peuple*, et le jury a rendu un verdict en vertu duquel MM. Mivielle et Boulabert sont condamnés à deux mois de prison, 1,000 francs d'amende et 4,000 francs de dommages-intérêts; l'insertion du jugement est ordonnée dans dix journaux, chaque insertion ne devant pas dépasser la somme de 100 francs; en outre, condamnation aux dépens.

Le verdict déclare les accusés coupables de diffamation envers des particuliers, avec admission de circonstances atténuantes.

É. C.

LE NATIONAL

Conclut en disant que :

De l'audition des témoins cités par la défense, il résulte qu'il n'y a contre M. Delamarche que des on-dit, mais pas un fait clairement démontré.

LE PETIT NATIONAL

M. Camélinat, ouvrier et député, fait une petite apologie de la Commune, mais il ignore le rôle que M. Delamarche a joué à cette époque.

M. Pelletan a fait une étude sur les Cours martiales, il ignore le rôle que M. Delamarche a joué à cette époque.

L'ÉLECTEUR RÉPUBLICAIN

Relève l'incident suivant :

M⁰ Ledru, avocat de M. Delamarche, donne lecture des feuilletons visés par la citation; il explique aux jurés que Boulabert s'est mis en scène pour pouvoir plus aisément insulter l'ancien commandant des volontaires de Montrouge.

Mᵉ Laguerre fait remarquer qu'il y a là une erreur, et que le récit, ainsi qu'il résulte des feuilletons antérieurs, doit être attribué au citoyen Belot, mort sur le ponton l'*Hermione* en 1871.

Nous continuons à citer l'*Électeur Républicain :*

Il faut avouer que les témoins produits par M. Delamarche ont été singulièrement plus catégoriques que les témoins de la défense.

Tous affirment que M. Delamarche n'a jamais été président de la Cour martiale des Fourneaux, que toutes les exécutions faites dans ce local ont été commandées par un officier de gendarmerie, assisté de deux sous-officiers.

L'un des témoins cite même ce fait que M. Delamarche a refusé de prendre connaissance d'une liste de dénonciation que lui apportait un garde national.

Après avoir apprécié le talent oratoire de Mᵉ Ledru, le journal dit :

Mais le moyen de ne pas faire une bonne plaidoirie avec des éléments comme ceux qui étaient mis à sa disposition ! Ajoutons, du reste, pour être impartial, que l'argumentation a été fort bien conduite et les faits très habilement groupés.

LE RADICAL

Donne exactement le même compte-rendu que le *Petit National*.

LE GAGNE-PETIT

Après avoir expliqué que le procès en diffamation intenté au *Cri du Peuple* par M. Delamarche avait été remis une première fois pour vice de forme dans la citation du plaignant, cite les dépositions des témoins du *Cri du Peuple* parmi lesquelles on relève les suivantes que nous résumons ainsi :

M. Champetier déclare avoir été envoyé devant la Cour martiale des Fourneaux et n'y avoir pas vu M. Delamarche.

Mme Émion. — On lui a dit que son fils avait été fusillé à trois heures du matin boulevard des Fourneaux, et sur une question du président, elle déclare n'avoir jamais vu M. Delamarche à la Cour martiale du boulevard des Fourneaux.

M. Kayl, capitaine dans le bataillon de M. Delamarche et ensuite dans les rangs de la Commune, n'a jamais su que M. Delamarche ait fait partie de la Cour martiale des Fourneaux.

M. Camille Pelletan, député:

Quant à M. Delamarche, je n'ai rien appris sur son compte, bien qu'on m'ait donné des renseignements sur la Cour martiale des Fourneaux.

M. Refauvelet arrêté chez lui et conduit à la rue des Fourneaux, n'y a jamais vu M. Delamarche.

Après une enquête si peu concluante, dit en terminant le journal, les témoins cités par M. Delamarche n'avaient pas grand'chose à faire pour achever de le disculper.

Ils proclament tous que non-seulement il ne s'est pas associé aux actes de rigueur de l'armée de Versailles, mais qu'il s'est compromis et même exposé pour sauver ses concitoyens.

Ils affirment qu'il n'a point fait partie de la Cour martiale des Fourneaux.

LE PETIT JOURNAL

Les accusateurs de M. Delamarche se faisaient fort de démontrer qu'il avait organisé une Cour martiale, présidé à des exécutions sommaires, commis enfin les plus basses atrocités.

Aucun des seize témoins cités par le *Cri du*

Peuple ne soutient de ses affirmations formelles les allégations du journal.

En revanche, une vingtaine de témoins assignés au nom de M. Delamarche, rendent à sa conduite un hommage éclatant.

L'OPINION

Donne un compte-rendu exact de l'affaire que nous résumons ainsi :

MM. Mivielle et Boulabert qui avaient fait défaut l'autre jour, se sont présentés cette fois. Quand au docteur Guébhard, il ne comparaît pas. Il demande à être mis immédiatement hors de cause.

M. Kayl dépose qu'un amnistié aurait refusé de serrer la main à M. Delamarche en disant :

Je ne serre pas la main d'un homme qui m'a interrogé sur les pontons.

M᷎ Laguerre. — Il est certain que M. Delamarche n'est jamais allé sur les pontons.

Au sujet de la prétendue radiation de M. Delamarche du cercle républicain :

M᷎ Ledru. — M. Delamarche n'a point été rayé du cercle républicain. Il s'est retiré volontairement et l'individu qui l'avait faussement accusé s'est rétracté par écrit. J'ai la pièce dans mon dossier.

M⁻ Emion, marchande de vins, ne sait pas si M. Delamarche faisait partie de la Cour martiale.

M. Champetier a été amené par cinq soldats devant la Cour martiale. Il n'a pas vu M. Delamarche.

M. Camille Pelletan, député :

Je dois déclarer que j'ignorais même le nom de M. Delamarche. Je n'ai aucun détail sur lui.

Le même journal rend compte des dépositions des témoins de M. Delamarche :

M. Sébourque. — M. Delamarche a toujours été mon antagoniste. Mais je déclare que sa conduite n'a jamais cessé d'être très digne. Il a refusé de faire partie de la Commune. Dès qu'il a connu l'arrestation de plusieurs d'entre nous, il a fait des démarches pour obtenir leur libération.

M. Gustave Faivre, dentiste, sait que M. Delamarche ne faisait pas partie de la Cour martiale du boulevard des Fourneaux. Le 22 mai, M. Delamarche est revenu de Versailles avec le témoin. Ils ont couché à l'École militaire.

M. Lemonnier a su que M. Delamarche, arrivé à Paris avec lui le lundi 22, avait fait sortir deux prisonniers.

M. Fribourg, journaliste, affirme que M. Delamarche a couché à Versailles le 21 mai, Il n'est revenu à Paris que le lendemain, et il a passé la nuit à l'École militaire avec le témoin.

Le 23, M. Delamarche s'est rendu à la rue des Fourneaux; la prévôté fonctionnait déjà. Loin d'avoir la moindre autorité, nous étions tenus en suspicion par l'armée.

C'est alors que M. Delamarche a appris que deux de ses anciens volontaires avaient été arrêtés. Et il n'a pu les faire relâcher qu'après des démarches multiples.

M. Lespinasse n'a pas quitté M. Delamarche pendant les dernières journées de mai. Ils se sont rendus à la prévôté pour demander la libération de certains gardes nationaux. M. Delamarche n'a jamais présidé aucune Cour martiale.

M. Alexandre Roggen, tailleur, avait été arrêté avec son fils et traduit devant la Cour martiale du boulevard des Fourneaux. C'est M. Delamarche qui a réclamé et obtenu leur élargissement.

M⁰ Laguerre. — Le témoin avait appartenu à la Commune?

Le Témoin. — Oui.

M. Pouyer a connu M. Delamarche en 1871:

On m'avait pris pour un de mes homonymes qui avait joué un rôle dans l'insurrection, M. Delamarche a fait constater mon identité et m'a empêché d'être arrêté.

M. Eyguière était pharmacien au coin de la rue de Vanves et de l'avenue du Maine. Il n'a pas vu M. Delamarche boulevard des Fourneaux.

M. Antoine Cyprien, relieur, rue d'Alésia, a été

gardien de l'immeuble dans lequel se tenait la Cour martiale:

Je déclare sur l'honneur que je n'y ai jamais vu M. Delamarche.

M. Haiteau affirme que c'est un lieutement de gendarmerie qui présidait la Cour martiale.

M. Héligon, conservateur des entrepôts de Bercy;

M. Delamarche, le 24 mai, a éteint l'incendie de l'établissement des Enfants-Assistés. Il a gardé une vieille église qu'on avait minée et pétrolée, et qui aurait fait sauter le quartier. Il n'a jamais fait partie d'aucune Cour martiale.

M. Ricard, chef de bureau à la mairie du XIVᵉ arrondissement, a présenté à la signature du maire un grand nombre de pièces portant l'apostille de M. Delamarche. C'étaient des demandes de grâce.

M. Ancelet, opticien, était capitaine de la garde nationale. M. Delamarche a essayé de faire le service avec le plus d'humanité possible et de rétablir l'ordre. Il n'a jamais fait ou commandé aucune arrestation.

M. Finsterwald a été secrétaire de M. Delamarche. Un garde national était venu nous apporter une liste de dénonciations, M. Delamarche a renvoyé cet homme et jeté la liste au panier. J'ai vu M. Delamarche signer de nombreux certificats en faveur des gardes nationaux arrêtés. Notamment, M. Delamarche a signé un certificat pour mon concierge, et cet homme ne lui a jamais pardonné d'avoir dit qu'il ne savait ni lire ni écrire. (*Rires.*)

M. Crochet, employé, témoigne dans le même sens.

M. Rouffiac, ébéniste:

M. Delamarche a dissuadé ses soldats de prendre parti pour la Commune. Il leur a dit: Les Prussiens sont encore sur le territoire, nous ne devons pas nous battre entre nous.

L'audition des témoins terminée, M. Boulabert demande à faire une observation pour préciser le débat. Il ne prétend pas que M. Delamarche soit allé interroger les prisonniers sur les pontons. S'il l'a dit d'abord, c'est par suite d'une confusion qu'avait créée une presque similitude de noms.

LE PETIT PARISIEN

Rend compte des dépositions des témoins contre M. Delamarche.

Nous y relevons ceci:

M. Camélinat a entendu dire que M. Delamarche avait fait partie d'une Cour martiale. Il ignore le rôle particulier qu'il aurait joué à cette époque.

Les témoins de M. Delamarche déclarent que:

Celui-ci n'a pas été président de la Cour martiale de la rue des Fourneaux. Toutes les exécutions faites à cet endroit ont été commandées par un officier de gendarmerie assisté de deux sous-officiers.

LA BATAILLE

Organe révolutionnaire, n'est pas tendre pour M. Delamarche, car il a refusé de servir la Commune, mais il apprécie avec sévérité, dans un article que nous reproduisons dans son entier, la conduite du propriétaire du *Cri du Peuple*, qui aurait, dans un simple but de spéculation, provoqué intempestivement ce procès qui peut nuire à la cause révolutionnaire.

Tous les ennemis de la Commune, réactionnaires, libéraux, opportunistes et clémencistes, vont certainement triompher de la condamnation prononcée par le jury de la Seine contre le journal le *Cri du Peuple* traduit en Cour d'assises par un certain Delamarche accusé d'avoir, pendant la semaine sanglante, fusillé des prisonniers fédérés.

Le propriétaire du *Cri du Peuple* n'ayant pas fourni de preuves en est pour cinq ou six mille francs d'amende. Cela nous touche fort peu. Puisqu'il vise au commerce de l'*Événement Parisien*, ce monsieur doit en subir les mécomptes. Nous réservons notre sympathie pour les rédacteurs qu'il a fait condamner à deux mois de prison. Contre lui nous n'aurons jamais assez d'indignation puisqu'il se permet de trafiquer de nos morts.

Nous ne relevons pas d'habitude les cabotinages de

son organe sans tête ni queue, car il n'a aucune in-fluence sur les milieux révolutionnaires, mais quand il vient compromettre la mémoire de nos compagnons d'armes pour faire sa fortune et celle des camelots, nous crions halte-là!

Depuis cinq années nous demandons, nous, les rentrés de la Commune, une enquête contradictoire sur les massacres de la semaine sanglante; nous vou-lons mettre aux bourreaux le nez dans le sang qu'ils ont versé; montrer au peuple que beaucoup de ces bouchers font la loi encore, et, par le plus vil des mercantilismes, un monsieur qui vend du révolution-narisme s'efforce de tuer notre démonstration.

Qu'on en juge.

Il prend dans un roman un individu quelconque, accusé d'avoir fusillé des fédérés; cet individu traduit le *Cri du Peuple* en Cour d'assises. A deux reprises, le propriétaire de ce journal annonce qu'il a les mains pleines de preuves. Le public attend anxieusement ces débats; le journal les annonce avec toutes sortes de trompettes: gravures, titres en relief, etc. Et quand nous arrivons en Cour d'assises, que voyons-nous? Un accusé qui prétend démontrer son innocence accom-pagné d'un peloton de témoins, qui joue au petit manteau bleu, qui affirme avoir sauvé des fédérés. Et en face de cet homme que met le propriétaire du *Cri du Peuple*, quels témoignages, quelles accusations? Rien. Rien. Et de plus il s'esquive méprisablement.

De sorte que cet accusé, fusilleur sûrement, — il n'y a qu'à le regarder, — mais fusilleur en sourdine, bras-sardier qui a opéré hors de son quartier, ce Dela-marche a pu sortir victorieux de l'audience après avoir fait déposer en sa faveur nos pires ennemis. Et quels? Un misérable comme Héligon, crapaud qui après quinze ans émerge des marais budgétaires ou ses trahisons le font engraisser.

Voilà le résultat du procès que le *Cri du Peuple* a cherché pour augmenter son tirage: la glorification de Delamarche et de Héligon.

Et aujourd'hui, demain, les Maxime Du Camp et les Pessard; toute la tourbe des fusilleurs du passé et des fusilleurs de l'avenir va se frotter les mains et clamer qu'après l'audience d'hier tout débat est clos sur la semaine sanglante, que l'enquête si souvent provoquée par les fédérés survivants a tourné à notre confusion.

De là à dire qu'il n'y a pas eu de semaine sanglante et qu'elle est de l'invention des historiens et journalistes communards, il n'y a qu'un pas. Il serait franchi avant huit jours.

Nous ne le permettrons pas. Le propriétaire du *Cri du Peuple* et la Commune ça n'a rien de commun. Toutes les sottises qu'il pourra faire n'écorneront jamais notre cause.

Il lui a plu d'entamer l'histoire de la semaine sanglante sans preuves et sans témoins, pour faire du tapage, s'inquiétant peu d'être battu si son tirage montait. Qu'est-ce que cela prouve contre nous?

Parce qu'on n'a pas pu démontrer devant la Cour d'assises que le Delamarche a fusillé des fédérés de ses propres mains, parce qu'on n'a pas produit aux débats les parents ou les amis des victimes sacrifiées dans un certain coin de Paris, est-ce qu'il ressort de là que nous n'avons pas les moyens d'établir l'authenticité des massacres et la personnalité des massacreurs?

＿ 163 ＿

Non, vous le savez bien, réacteurs hypocrites qui prétendez bénéficier de la sottise d'un seul. Osez soutenir le contraire, nous offrons le débat public, devant cette même Cour d'assises ou un fumiste vient d'échouer.

Nous offrons de dévoiler devant les jurés de la Seine l'histoire des massacres de la semaine sanglante et d'un des princes de l'égorgement. Il s'appelle Vabre. Il commandait à l'Hôtel de ville le 18 mars quand les bataillons fédérés lui firent prendre l'escalier de service. Il rentra à Paris avec les troupes. Il s'installa au Châtelet et devant lui parurent des centaines de prisonniers, femmes et enfants, qu'il envoya fusiller à la caserne Lobau. Il vit insolemment; il est marchand de charbon à Asnières-Clichy. Faites-nous traduire par lui en Cour d'assises si vous parvenez à lui donner ce courage, et vous verrez si nous y ferons la figure du propriétaire du *Cri du Peuple*, si nous manquons de témoignages, si vous pourrez après les débats nier ou pallier l'égorgement.

Il y a d'autres noms sans doute, mais nous prenons le plus éclatant de tous, afin que le débat ait l'ampleur nécessaire. Quand la *Bataille*, l'organe des révolutionnaires, provoque ses adversaires, ce n'est pas pour faire une grimace. Montrez-vous donc un peu, vous qui prétendez éclabousser le parti révolutionnaire de la spéculation d'un seul.

Et vous verrez, au grand jour que nous appelons, la différence qui existe entre un canard et un drapeau.

Lissagaray.

Dans le compte-rendu que nous trouvons à l'article tribunaux du même journal, nous relevons les appréciations suivantes au sujet des témoins et de leurs dépositions:

Le citoyen Camélinat avait été également assigné, mais il nous a été impossible d'en découvrir la raison dans sa déposition.

Très net, très ferme, le citoyen Camélinat a dit ce qu'avait été la Commune et la répression versaillaise.

Quand aux faits relatifs à M. Delamarche, pas un mot!

M. Pelletan, député, vient ensuite déposer,

Après des considérations générales, il déclare ignorer le rôle que M. Delamarche a joué à cette époque.

De M⁰ Laguerre qu'elle comble de louanges, la Bataille dit:

D'une mauvaise cause insoutenable, il a su tirer des arguments.

LE VOLTAIRE

Comme les journaux judiciaires, il donne un compte-rendu aussi complet qu'impartial de l'affaire, qui laisse ressortir le néant des accusations portées contre M. Delamarche par le *Cri du Peuple*.

LA LANTERNE

Rend compte du procès d'une façon succincte mais nette.

Elle dit :

MM. Boulabert et Mivielle ont fait citer une quinzaine de témoins. Tous déposent sur des faits généraux se rapportant à l'insurrection de 1871 ; aucun n'apporte de renseignements précis sur le fonctionnement de la Cour martiale de la rue des Fourneaux, ni sur le rôle qu'aurait joué là M. Delamarche.

Au sujet du témoignage de M. Pelletan :

M. Camille Pelletan ignorait même le nom de M. Delamarche quand il a fait son étude sur les Cours martiales et il ne sait pas ce qui s'est passé à celle de la rue des Fourneaux.

Elle résume ainsi les dépositions des témoins de M. Delamarche :

Après les quinze témoins de la défense, on entend vingt-cinq autres témoins cités par M. Delamarche. On peut résumer ainsi toutes ces dépositions.

M. Delamarche est un homme très honorable qui a fait beaucoup de bien, même à un grand nombre de fédérés. Il n'a jamais présidé la Cour martiale de la rue des Fourneaux. Le grand prévôt, ou si on veut le chef de la prévôté de ladite Cour martiale, était un lieutenant de gendarmerie.

Elle cite en terminant l'explication fournie par M. Boulabert, auteur bien innocent de ce procès.

M. Boulabert explique, — pour simplifier l'affaire, dit-il, — qu'il a écrit les *Vaincus* sur les pontons et qu'il n'a pas voulu parler de M. Delamarche mais d'un nommé Lamarche.

LE JOURNAL DES DÉBATS

Cite les dépositions des témoins des prévenus, à chacun d'eux, dit-il, M. le président Gaultier pose les deux questions suivantes:

Que savez-vous de l'existence d'une Cour martiale boulevard des Fourneaux?
Quel rôle y a joué M. Delamarche?

MM. Garnier, Kayl, ancien capitaine du bataillon des volontaires de Montrouge, Victor Roland, une femme qui tenait un hôtel meublé à côté de la Cour martiale etc., n'ont pu répondre aux questions posées.

On entend ensuite, continue le *Journal des Débats*, les témoins cités à la requête du plaignant.

Tous viennent dire en substance ceci:

Nous avons vu M. Delamarche à l'œuvre en 1871. Jamais il n'a fait partie d'aucune Cour martiale; pendant tout le temps de la Commune il est resté à Montrouge. Après, il a réorganisé les services municipaux. Il s'occupait de faire distribuer des secours aux gardes nationaux nécessiteux; ses amis, au mois de mai, lui reprochaient presque de se compromettre en recommandant des insurgés prisonniers, et en cherchant à les faire mettre en liberté.

Au nombre de ces témoins se trouvent des anciens combattants de la Commune qui ont comparu devant les conseils de guerre, y ont été condamnés et viennent attester que M. Delamarche est venu déposer en leur faveur à l'audience.

M⁶ Ledru a soutenu avec une éloquente énergie la plainte de M. Delamarche et rappelé le néant des dépositions de tous les témoins cités par le *Cri du Peuple*.

Après lui, M. l'avocat général Banaston a requis un verdict sévère contre les prévenus, dont M⁶ Laguerre a présenté la défense.

Le jury a rapporté un verdict affirmatif mitigé par l'admission de circonstances atténuantes.

En conséquence, la Cour condamne MM. Mivielle et Boulabert, chacun à deux mois de prison et 1,000 francs d'amende, ainsi qu'en 4,000 francs de dommages-intérêts et à l'insertion de l'arrêt dans dix journaux au choix de M. Delamarche.

M. le docteur Guébhard est déclaré civilement responsable.

LA RÉPUBLIQUE FRANÇAISE

Rappelle que M. Guébhard ne s'est pas présenté à l'appel de son nom.

Elle résume les dépositions des témoins cités par les prévenus, et dit de ceux cités par la partie civile:

Viennent maintenant les témoins cités par M. Delamarche. Ils sont unanimes à faire son éloge. Il est, disent-ils, très estimé dans son arrondissement, où il fait beaucoup de bien. Jamais il n'a présidé de Cour martiale et jamais personne ne l'a vu à la Cour martiale de la rue des Fourneaux.

LA MARSEILLAISE

Rappelle à ses lecteurs qu'une première fois assignés devant la Cour d'assises, MM. Mivielle, gérant du *Cri du Peuple*, Jules Boulabert, l'un des rédacteurs, et Guébhard, avaient fait défaut; qu'il se trouva que l'assignation étant vicieuse dans sa forme, la Cour, sur les conclusions mêmes de M° Thiriaux, avoué de M. Delamarche, annula cette assignation et renvoya l'affaire à une autre session.

Elle passe en revue les témoins du *Cri du Peuple*:

M. Kayl ne sait pas si M. Delamarche a présidé une Cour martiale en 1871.

M⁰ Emion ignore si M. Delamarche faisait partie de la Cour martiale, etc.

Puis ceux cités par M. Delamarche :

Tous affirment que M. Delamarche n'a jamais été président de la Cour martiale de la rue des Fourneaux ; que toutes les exécutions faites dans ce local ont été commandées par un officier de gendarmerie, assisté de deux sous-officiers. M. Delamarche aurait montré au contraire une grande douceur et une grande bienveillance pour les individus arrêtés.

L'un des témoins cite même ce fait que M. Delamarche a refusé de prendre connaissance d'une liste de dénonciations que lui apportait un garde national.

Le même M. Delamarche a sauvé un malheureux pris les armes à la main, en le faisant passer pour fou. Celui-ci ne le lui a jamais pardonné.

C'est M. Delamarche qui a protégé la poudrière de la rue de Vanves.

Après un quart d'heure de suspension, Me Ledru a la parole pour la partie civile. Montrant que les témoins du *Cri du Peuple* n'ont rien affirmé sur la présence de M. Delamarche à la rue des Fourneaux, rappelant combien honorable a été toute la vie de M. Delamarche, il réclame pour lui 5,000 francs de dommages-intérêts et l'insertion dans quinze journaux.

M. l'avocat-général Banaston, rendant hommage à la loyauté, à la dignité de M. Delamarche, réclame du jury une condamnation contre les diffamateurs.

LE XIXᵉ SIÈCLE

Nous avons vu défiler à la barre des témoins, M. Camélinat, le nouveau député de la Seine,

M. Camille Pelletan, M. Alphonse Humbert, ancien membre de la Commune, mais de leurs dépositions ni de celles des autres témoins il n'est résulté une preuve de la présence de M. Delamarche à la Cour martiale du boulevard des Fourneaux, aujourd'hui boulevard de Vaugirard.

Naturellement, les déposants ont tous tendance à raconter des faits étrangers à la cause, n'ayant rien de précis à dire sur le point qui touche aux débats.

Les témoins cités par le plaignant sont venus successivement affirmer que M. Delamarche n'avait pu faire partie de la Cour martiale du boulevard des Fourneaux, qu'il n'y avait pas été vu; qu'au contraire, loin de mériter les reproches, sa conduite avait été des plus dignes, des plus humaines. On a rappelé que c'était après le combat de Buzenval que M. Delamarche avait été mis à l'ordre du jour de l'armée et avait reçu le ruban de la Légion d'honneur.

Des détails précis sur les faits et gestes de M. Delamarche les 22 et 23 mai 1871 sont apportés par un ancien adjoint au maire du XIVe arrondissement.

La parole passe à M. l'avocat général qui démontre l'existence de la diffamation, au sens légal du mot, dans les deux articles du *Cri du Peuple*, et l'impuissance de l'auteur de ces articles à faire la preuve de ses imputations.

LE RAPPEL

Le chroniqueur judiciaire fait l'exposé des motifs du procès; Il passe en revue les témoins du *Cri du Peuple* et cite parmi eux:

M. Camille Pelletan qui n'a jamais eu aucun renseignement particulier sur la Cour martiale des Fourneaux.

Un capitaine (Kayl) dans le bataillon des volontaires dont M. Delamarche était commandant, déclare n'avoir jamais eu connaissance de l'accusation dirigée contre son ancien chef.

D'autres témoins déposent de faits se rattachant aux souvenirs douloureux de la semaine de mai, mais ni les uns ni les autres ne savent rien de précis sur la Cour martiale de la rue des Fourneaux et le rôle que M. Delamarche y aurait joué.

Les témoins cités par M. Delamarche et qui sont ou des anciens gardes nationaux ayant servi sous ses ordres ou des anciens fédérés arrêtés après la Commune et conduits à la prévôté de la rue des Fourneaux, sont entendus.

Tous, sans exception, sont d'accord pour déclarer que M. Delamarche n'est pas l'homme sanguinaire qui est représenté dans le feuilleton de M. Boulabert; que pendant la semaine sanglante, loin d'avoir été cruel envers les fédérés prisonniers, il en a sauvé plusieurs; qu'enfin il n'a jamais présidé la Cour martiale de la rue des Fourneaux, attendu que le président de cette Cour martiale était un lieutenant de gendarmerie.

LE TEMPS

Résume ainsi les dépositions des témoins entendus :

Ceux du *Cri du Peuple* déclarent ne rien savoir de particulier concernant M. Delamarche et le rôle que lui a fait jouer sous la Commune le journal incriminé.

En somme, toutes les dépositions où il est question du plaignant, ne s'appuient que sur des on-dit et ne sont corroborées par aucun fait. Loin de là, plusieurs témoins déclarent ne l'avoir jamais vu, et quelques-uns ne l'avoir connu que par le procès pendant.

Quant aux dépositions des témoins à décharge, elles sont catégoriques. Tous affirment que jamais M. Delamarche n'a figuré au boulevard des Fourneaux, ni siégé à une Cour martiale. Loin de poursuivre implacablement les prisonniers, M. Delamarche a usé de tout son crédit pour en faire mettre plusieurs en liberté, entre autres toute une troupe à la prévôté, ainsi que le déclare M. Lespinasse. Un autre témoin, M. Roty, journaliste, déclare que tout individu sur les pontons dont M. Delamarche s'occupait, se regardait comme sauvé. M. Héligon, conservateur des entrepôts de Bercy, raconte qu'on a reproché à M. Delamarche d'avoir abusé de sa signature en faveur des fédérés, et M. Ricard, chef de bureau à la mairie du XIVe arrondissement, a eu entre les mains quantité de demandes en grâce apostillées par lui. Enfin, un commis principal à l'octroi de Paris, M. Finsterwald, a vu M. Delamarche mettre à la porte un garde national qui lui apportait une liste de dénonciations, et jeter cette liste au feu.

Après de semblables témoignages, M⁰ Ledru, l'avocat du plaignant, n'a pas eu de peine à établir que l'homme féroce et sanguinaire du *Cri du Peuple*, le bourreau des fédérés, était au contraire un homme plein d'humanité et le sauveur de bien des égarés de cette époque.

Le ministère public réclame la condamnation des inculpés, et M⁰ Laguerre, leur avocat, s'appuie surtout sur la bonne foi de ses clients, qui ont pu être trompés par des renseignements erronés.

L'ÉCHO DE PARIS

Fait l'historique de la première audience, à laquelle MM. Mivielle, Boulabert, Guébhard ont fait défaut. Passant à l'audition des témoins produits par le *Cri du Peuple*, il cite:

M. Kayl qui ne sait pas si M. Delamarche faisait partie de la Cour martiale des Fourneaux.

M⁰ Émion n'en sait pas davantage.

M. Pelletan député a fait une étude sur les Cours martiales en 1871, il ne sait pas ce que M. Delamarche a fait à cette époque.

Les témoins cités par M. Delamarche viennent déposer.

Tous affirment que M. Delamarche n'a jamais été président de la Cour martiale de la rue des Fourneaux; que toutes les exécutions faites dans ce local ont été commandées par un officier de gendarmerie, assisté de deux sous-officiers. M. Delamarche aurait montré au contraire une grande douceur et une grande bienveillance pour les individus arrêtés.

L'un des témoins cita même ce fait que M. Delamarche a refusé de prendre connaissance d'une liste de dénonciations que lui apportait un garde national.

Le même M. Delamarche a sauvé un malheureux pris les armes à la main, en le faisant passer pour fou. Celui-ci ne le lui a jamais pardonné..

C'est M. Delamarche qui a protégé la poudrière de la rue de Vanves.

M⁰ Ledru a la parole pour la partie civile. Montrant que les témoins du *Cri du Peuple* n'ont rien affirmé sur la présence de M. Delamarche à la rue des Fourneaux; rappelant combien honorable a été toute la vie de M. Delamarche; il réclame pour lui 5,000 francs de dommages-intérêts et l'insertion dans quinze journaux.

M. l'avocat général Banaston, rendant hommage à la loyauté, à la dignité de M. Delamarche, réclame du jury une condamnation contre les diffamateurs.

LE TÉLÉGRAPHE

Rappelle qu'à une première audience le docteur Guébhard, propriétaire du *Cri du Peuple* a fait défaut.

Il reproduit ensuite les principales dépositions des témoins.

Il dit :

Citons les principales dépositions des témoins, et disons de suite que presque toutes n'ont trait qu'aux événements de 1871 envisagés dans leur aspect général, et non aux faits particuliers relevés contre M. Delamarche et faisant seuls l'objet du procès.

Entre autres M. Kayl, architecte, n'a jamais vu que M. Delamarche était allé au boulevard des Fourneaux et ne sait rien de l'existence de la Cour martiale.

Il entre ensuite dans des détails étrangers à la cause.

M. Camélinat, député, declare ne rien savoir des faits reprochés à M. Delamarche par le *Cri du Peuple*. Le témoin s'étend longuement sur les événements de 1871.

M. Camille Pelletan, député, déclare également n'avoir rien à dire de particulier en ce qui concerne M. Delamarche.

LA NATION

Après avoir donné les origines du procès. passe à l'audition des témoins du *Cri du Peuple :*

M. Kayl n'a jamais eu connaissance du rôle joué par M. Delamarche à la Cour martiale des Fourneaux.

Victor Roland. employé des pompes funèbres

qui a enseveli les cadavres des Fourneaux, n'a jamais vu M. Delamarche.

M⁻ Émion, marchande de vins, n'a jamais vu non plus M. Delamarche.

Il faut avouer que les témoins produits par M. Delamarche ont été singulièrement plus catégoriques que les témoins de la défense.

Tous affirment que M. Delamarche n'a jamais été président de la Cour martiale de la rue des Fourneaux; que toutes les exécutions faites dans ce local ont été commandées par un officier de gendarmerie, assisté de deux sous-officiers. M. Delamarche aurait montré au contraire une grande douceur et une grande bienveillance pour les individus arrêtés.

L'un des témoins cite même ce fait que M. Delamarche a refusé de prendre connaissance d'une liste de dénonciation que lui apportait un garde national.

M. Roggen et son fils, arrêtés et sur le point d'être fusillés, déclarent avoir été sauvés par M. Delamarche qui s'était porté garant de leur innocence devant la Cour martiale.

M. Rouffiac a été arrêté à la fin de la Commune, condamné et déporté. Il a passé devant la Cour martiale de la rue des Fourneaux et n'a pas vu M. Delamarche organiser des exécutions sommaires.

Au sujet de la déposition de M. Rouffiac, rapportée ci-dessus, la rédaction enregistre la lettre suivante:

Paris, le 8 décembre 1885.

Monsieur le Rédacteur,

Dans votre numéro du 6-7 courant, vous me faites dire, comme témoin dans l'affaire du *Cri du Peuple*, Delamarche, que j'ai comparu devant la Cour des Fourneaux et qu'ayant servi la Commune, j'ai été envoyé aux pontons.

Cette déposition n'est pas la mienne. Voici ce que j'ai déclaré:

1° Que M. Delamarche a été un des seuls qui aient fait cesser le feu aux Prussiens dans le parc de Bois-Préau.

2° Que M. Delamarche nous a réunis le 13 mars 1871 et nous a dit de ne pas servir la Commune et de ne pas nous battre entre nous en présence des Prussiens.

3° Sur une demande de M. le président, si M. Delamarche avait parlé qu'il y aurait un second siège, j'ai répondu: Non!

4° Enfin, j'ai dit qu'à la rentrée des troupes j'avais vu M. Delamarche distribuer des bons de vivres à la mairie aux anciens gardes nationaux.

J'ajoute que je n'ai point servi la Commune, que je n'ai point été arrêté, ni par conséquent déporté.

Veuillez agréer, monsieur le directeur, etc.

ROUFFIAC,
Ancien adjudant aux volontaires de Montrouge, 28, rue de Vanves.

En donnant les félicitations obligatoires à M° Laguerre, la *Nation* est obligée de déclarer que :

Devant le néant des preuves apportées par les témoins, une seule chose restait à plaider, etc.

LE SIÈCLE

Le procès intenté par M. Delamarche, receveur d'octroi, au *Cri du Peuple*, et dont nous avons parlé le mois dernier, est revenu hier devant la Cour d'assises de la Seine. On se rappelle qu'un vice de forme a entrainé la nullité de la première assignation.

M. le docteur Guébhard, assigné comme propriétaire, fait défaut.

M. Delamarche, le plaignant, est assisté de M° Ledru et de M° Thiriaux, avoué.

Ce dernier conclut à ce qu'il soit donné défaut contre M. Guébhard, qui a pris dans l'affaire Ballerich la qualité de bailleur de fonds du *Cri du Peuple* et qui a répondu à l'assignation de M. Delamarche en notifiant les témoins.

Le journal résume brièvement l'assignation lancée par M. Delamarche.

Considérant les dépositions des témoins, il s'exprime ainsi :

Citons les principales et disons de suite que presque toutes n'ont trait qu'aux événements de 1871, envisagés dans leur aspect général, et non aux faits particuliers relevés par M. Delamarche et faisant seuls l'objet du procès.

M. Kayl, architecte, n'a jamais su que M. Delamarche était allé boulevard des Fourneaux et ne sait rien de l'existence de la Cour martiale.

M⁰ Ledru. — Le témoin n'a-t-il pas reproché à M. Delamarche de ne l'avoir pas fait décorer?

R. — Non, je lui ai reproché d'avoir fait décorer un conseiller municipal qui n'avait rien fait.

M. Camélinat, député, déclare ne rien savoir des faits reprochés à M. Delamarche par le *Cri du Peuple*. Le témoin s'étend longuement sur les événements de 1871.

M. Camille Pelletan, député, déclare également n'avoir rien à dire de particulier en ce qui concerne M. Delamarche.

Puis, passant brusquement à la plaidoirie de M⁰ Laguerre, il constate que celui-ci défend avec énergie la cause de la Commune et celle de ses clients.

LA JUSTICE

Fait l'historique de la première audience.

Passant à l'examen de l'audition des témoins, elle cite entre autres:

Mⁿᵉ Émion, qui ignore si M. Delamarche était à la Cour martiale des Fourneaux.

M. Camélinat donne des renseignements généraux sur la Commune, il a entendu dire que M. Delamarche avait fait partie du conseil de guerre, mais il ignore le rôle particulier que M. Delamarche a joué à cette époque.

M. Pelletan ne sait rien du rôle que M. Delamarche a joué à cette époque.

M. Humbert, rédacteur à l'*Intransigeant* donne des renseignements généraux sur le fonctionnement des Cours martiales. Il est arrêté dans ses explications par M. le Président, qui lui fait observer que là n'est pas le procès.

La *Justice* raille agréablement le tribunal et le ministère public.

Elle conclut en disant :

On affirmait dans les couloirs que la Cour, qui aurait désiré faire un whist pendant ce temps-là, n'a pu se livrer à ce passe-temps innocent, parce que le Palais ne contenait que des jeux de trente-deux cartes.

Nous voulons espérer que M. le procureur général fera compléter la boîte à jeux de la Cour pour la prochaine session.

M. le substitut ayant fini de raconter ses petites histoires, la Cour a rendu un arrêt déclarant qu'elle avait faim, et que désireuse d'éviter les douleurs d'estomac, elle s'adjugeait deux heures de liberté pour aller se réconforter et donnait rendez-vous aux combattants pour huit heures du soir, même jour.

LE GIL BLAS

Malgré les tristes incidents de l'affaire Ballerich, le *Cri du Peuple* continue avec la même légèreté à formuler les accusations les plus formidables contre qui il se croit des haines politiques.

Un de ses collaborateurs, M. Jules Boulabert, a, dans un feuilleton intitulé les *Vaincus de 1871*, gravement diffamé M. Delamarche, actuellement receveur de l'octroi de Paris. M. Delamarche, en 1870-71, colonel de la légion des volontaires de Montrouge, ayant rejoint l'armée régulière à Versailles, était-il dit en substance, était rentré à Paris à sa suite, avait reçu la présidence d'une Cour prévôtale, qu'il avait fait fusiller un grand nombre de personnes; que, connaissant le quartier, il avait su alimenter son tribunal de prévenus de choix, c'est-à-dire convenables pour la boucherie, et le mot boucherie n'est pas déplacé, puisque la maison où se tint cette Cour martiale, boulevard des Fourneaux, est encore, dans le quartier, désigné sous le surnom de l'*Abattoir*.

C'est déjà passablement raide, et pourtant résumant, j'atténue.

M. Delamarche a assigné ses diffamateurs devant le tribunal correctionnel. Une exception d'incompétence fut soulevée et accueillie, car les imputations calomnieuses s'adressant a un fonctionnaire public et la preuve étant permise en pareil cas devant le jury. Donc c'est en Cour d'assises que nous avons retrouvé aujourd'hui MM. Jules Boulabert et Mivielle, le gérant du *Cri du Peuple*.

Là, nous avons assisté à un spectacle bien singulier. Malgré tous ses efforts le *Cri du Peuple* n'a pas pu produire un témoin oculaire des faits reprochés à M. Delamarche, ni même qui articulât un fait précis.

M. Boulabert lui-même a reconnu avoir intercalé dans son roman l'incident Delamarche d'après des racontars de fédérés internés avec lui à bord du ponton l'*Hermione*.

Quand aux autres témoins, parmi lesquels figuraient MM. Camille Pelletan et Camélinat, ils n'ont rien dit, sinon que le bruit de la participation de M. Delamarche avait couru dans le monde de la Commune, et que les Cours martiales avaient fait exécuter une foule de gens, ce dont nous nous doutions bien un peu.

Après l'audition des personnes citées à la requête du *Cri du Peuple*, ses imputations pouvaient être jugées déjà calomnieuses, il n'en restait plus rien. Les témoins cités par M. Delamarche entendus, on s'est demandé avec stupeur comment M. Boulabert avait pu recueillir et publier comme vrais les commérages, les potins de portières qui transformaient son adversaire en un bourreau.

Non seulement, en effet, M. Delamarche n'a pas joué le rôle odieux qu'on lui attribuait, mais on ne peut en vérité que le féliciter de sa conduite.

Rentré à Paris à la suite de l'armée de Versailles, comme je l'ai dit plus haut, il fut distribué dans son arrondissement, le XIV⁰, des secours en nature à tous les pauvres, alliés ou non aux combattants. Une mine destinée à faire sauter le quartier est découverte par lui et par lui furent coupés les fils électriques qui devaient en déterminer l'explosion. Si les bébés déposés aux Enfants-Assistés échappèrent à l'incendie, c'est encore grâce à lui. M. Delamarche n'oubliait pas ses devoirs d'humanité, même envers les vaincus. On rapporte qu'il arracha à ces mêmes Cours martiales, qu'on lui reproche d'avoir présidées, des fédérés sur le point d'être passés par les armes. Des listes de soldats de la Commune lui furent remises par des traîtres, il brûla les listes et chassa les dénonciateurs à coups de botte où vous savez. Cent fois il apostilla des recours en grâce, s'interposa pour sauver une foule de gens compromis, et fit si bien, qu'il devint suspect à l'autorité militaire.

Mais, en faisant le bien, on risque parfois de blesser ceux pour qui l'on s'emploie.

Ainsi on reproche à M. Delamarche d'avoir certifié qu'un fédéré était un *imbécile*, irresponsable et illettré. Or, grâce au certificat ainsi formulé et aussi aux démarches de M. Delamarche, cet homme condamné aux travaux forcés à perpétuité, a vu sa peine commuée en cinq ans de prison. Le gracié n'a jamais pardonné au bienfaiteur le subterfuge employé pour le tirer d'affaire.

Je m'arrête. Je remplirais des colonnes si je rapportais les faits d'humanité et de courage que j'ai entendu raconter à l'actif de M. Delamarche.

M. le substitut Banaston a apprécié avec toute la sévérité qu'elles méritaient les accusations de M. Boulabert.

Après une remarquable plaidoirie de Mᵉ Laguerre, qui défendait une cause perdue, MM. Boulabert et

Mivielle ont été condamnés à deux mois de prison, 1,000 francs d'amende, 4,000 francs de dommages-intérêts, aux dépens et à l'insertion du jugement dans dix journaux, laquelle insertion ne doit pas dépasser cent lignes.

Eaque.

LE MATIN

Résume en quelques mots les causes du procès actuel.

Dans les dépositions des témoins qu'il reproduit, nous relevons les suivantes :

M⁻ Émion ignore si M. Delamarche était à la Cour martiale des Fourneaux.

M. Camélinat, député et ouvrier, fait une petite apologie de la Commune.

Il ignore le rôle particulier que M. Delamarche a joué à cette époque.

M. Pelletan, député, vient ensuite déposer, il a fait une étude sur les Cours martiales. Il ignore également le rôle que M. Delamarche a joué à cette époque.

Après la déposition des témoins cités par le *Cri du Peuple*, les témoins de M. Delamarche sont entendus.

Tous affirment que M. Delamarche est un galant homme qui, pendant la semaine sanglante, a employé toute son activité pour sauver la vie des nombreux fédérés tombés entre les mains de l'armée de Versailles.

En conséquence, la Cour condamne MM. Mivielle et Boulabert, chacun à deux mois de prison et 1,000 francs d'amende, ainsi qu'à 4,000 francs de dommages-intérêts et à l'insertion de l'arrêt dans dix journaux au choix de M. Delamarche.

M. le docteur Guébhard est déclaré civilement responsable.

LE SOIR

Le chroniqueur explique les origines du procès.

Il remarque que dans la première affaire le *Cri du Peuple* a fait défaut, et que M. Guébhard, poursuivi comme civilement responsable, ne se présente pas.

On procède, dit-il, à l'audition des témoins cités par le *Cri du Peuple*.

M. Kayl, Isidore, ancien capitaine aux volontaires de Montrouge, n'a pas eu connaissance de ce qui se serait passé rue des Fourneaux.

M. Roland, Victor, ne sait pas le rôle joué par M. Delamarche.

M. Champetier, marchand de chaussures a été amené devant la Cour martiale par des soldats qui voulaient le fusiller, mais il n'a pas vu M. Delamarche.

M. Camélinat, monteur en bronze, député de la Seine, ne peut rien dire d'exact sur la Cour martiale des Fourneaux.

Sur le rôle de M. Delamarche il ne sait rien de précis.

M. Pelletan, député, n'a eu aucun détail sur la Cour martiale de la rue des Fourneaux et ne connaissait pas même le nom de M. Delamarche.

M. Goullé, rédacteur au *Cri du Peuple*, n'a rien vu, il a entendu dire, etc...

Des témoins appelés par M. Delamarche, le journal, qui est d'opinion conservatrice, ne dit rien.

LE CONSTITUTIONNEL

Après avoir rappelé la première audience où le *Cri du Peuple* fit défaut, remarque que MM. Mivielle et Boulabert comparaissent aujourd'hui, mais que le docteur Guébhard fait défaut.

Il résume ensuite les dépositions des témoins contre M. Delamarche ainsi qu'il suit:

M. le Président pose à chaque témoin deux ordres de questions: Avez-vous eu connaissance de l'existence d'une Cour martiale au boulevard des Fourneaux? — Savez-vous le rôle que M. Delamarche a joué dans cette Cour?

Les réponses vagues et peu précises, ont peu d'importance.

Au sujet de M. Camille Pelletan :

M. le Président, *au témoin*. — Avez-vous eu connaissance que M. Delamarche ait joué un rôle du genre de celui que vous semblez indiquer?

M. Camille Pelletan. — Je n'ai eu connaissance que de l'existence de la Cour martiale du boulevard des Fourneaux; je ne sais rien de particulier sur M. Delamarche.

Après une courte suspension d'audience, les vingt-quatre témoins cités par M. Delamarche sont entendus. Tous viennent affirmer non seulement que M. Delamarche ne faisait pas partie de la Cour martiale du boulevard des Fourneaux, mais que, dans l'exercice des fonctions qui lui avaient été confiées en 1871, il a toujours fait preuve d'humanité.

La parole est donnée à l'avocat de M. Delamarche, M⁰ Ledru. Il justifie son client de toutes les imputations calomnieuses formulées contre lui, et sollicite une énergique application de la loi.

Dans son réquisitoire, M. l'avocat général Banaston s'associe à ces conclusions.

LE GAULOIS

Citant les témoins assignés par les prévenus contre M. Delamarche, s'exprime ainsi :

Enfin, nous voyons arriver le citoyen Camélinat, le seul, le vrai, l'unique Camélinat, c'est tout dire.

Camélinat commence par faire l'apologie de la Commune, naturellement. Il a etc.

Ayant fait son petit effet, M. le député Camélinat cède la place à M. le député Camille Pelletan, qui à son tour fait le procès des Cours martiales et des Versailleux.

D'après lui, certains gardes nationaux du parti de l'ordre auraient commis quelques cruautés. Quant à M. Delamarche, il n'en a jamais entendu parler.

La parole, dit-il, est donnée à M. Boulabert qui :

Présente une explication véritablement imprévue en déclarant que les faits dénoncés par lui sont bien exacts, mais ont été imputés, par une erreur tout à fait regrettable, à M. Delamarche, l'ancien commandant des volontaires de Montrouge, tandis qu'ils devaient l'être à un sieur Delamarche, marchand de chevaux, parait-il.

L'organe conservateur s'abstient de parler de la déposition des témoins cités par M. Delamarche.

Il termine en donnant l'énoncé du jugement qui, au sujet du docteur Guébhard, est ainsi conçu :

Et, statuant, en dernier lieu, sur le cas du docteur Guébhard, elle a déclaré ce dernier solidaire avec les sieurs Mivielle et Boulabert, au point de vue des condamnations pécuniaires.

Voilà, docteur, un singulier cadeau de noces.

LE PETIT MONITEUR

Cette feuille, parmi les dépositions des témoins cités contre M. Delamarche, relève les suivantes :

M. Kayl ignore si M. Delamarche faisait partie des Cours martiales.

M. Pelletan, député, ne sait ce que M. Delamarche a fait à cet époque.

Au sujet des témoins de M. Delamarche, elle s'exprime ainsi :

On entend ensuite, à la reprise de l'audience, près de vingt-cinq témoins à décharge qui sont venus témoigner de la parfaite honorabilité de M. Delamarche et de sa conduite digne de tout éloge pendant l'insurrection.

Parmi les principales elle cite celles de :

M. Gourlot qui a été appelé fréquemment à

la Cour martiale où il n'a jamais vu M. Delamarche.

M. Eyguière, pharmacien, qui n'a jamais vu M. Delamarche à la prévôté.

M. Finsterwald qui a été témoin du fait suivant. Il est arrivé un jour un garde avec une liste de malheureux qu'il venait dénoncer M. Delamarche l'a mis à la porte et a jeté la liste au panier, etc.

LE SOLEIL

Fait un résumé assez écourté des débats, Néanmoins, au sujet des dépositions faites contre M. Delamarche, il mentionne:

M. Danner, la seule personne ayant vu M. Delamarche dans les locaux où siégeait le tribunal militaire. Ce témoin vient affirmer que M. Delamarche a fait mettre en liberté deux prisonniers.

M. Camélinat, monteur en bronze, député de la Seine. Il ne peut rien dire d'exact sur la Cour martiale des Fourneaux.

Quand à M. Delamarche, il ne le connaît pas.

M. Camille Pelletan, député des Bouches-du-Rhône, fait remarquer enfin qu'il n'a jamais pu savoir si les

Cours martiales avaient un caractère officiel. Il n'a aucun détail à donner sur celle de la rue des Fourneaux ni sur M. Delamarche.

L'audience est alors suspendue.

A la reprise on entend les témoins de M. Delamarche, qui sont tous unanimes à reconnaître qu'il a toujours montré une grande douceur pour les prisonniers, qu'il a sauvé un individu pris les armes à la main, en le faisant passer pour fou, qu'il a sauvé la poudrière du quartier de Vanves, que jamais il n'a présidé de Cour martiale.

C'est l'homme le plus honorable et le plus digne qu'il y ait.

Le *Soleil* donne ensuite le jugement qui se termine ainsi :

Quand à M. Guébhard, la Cour décide, après un débat contradictoire, qu'il est civilement responsable.

LE PETIT CAPORAL

Résume d'une façon succincte les causes et le commencement du procès.

Il mentionne quelques dépositions des témoins :

M⸞ Émion ignore si M. Delamarche était à la Cour martiale des Fourneaux.

M. Camélinat, député et ouvrier, fait une petite apologie de la Commune, il ignore le rôle particulier que M. Delamarche a joué à cette époque.

M. Pelletan, député, vient ensuite déposer; il a fait une étude sur les Cours martiales. Il ignore le rôle que M. Delamarche a joué à cette époque.

L'organe bonapartiste ne dit pas un mot des dépositions des témoins cités à la requête de M. Delamarche.

LA DÉPÊCHE

Parle ainsi des dépositions des témoins cités contre M. Delamarche :

De l'audition des témoins cités par la défense et parmi lesquels se trouvent MM. Camélinat, Camille Pelletan et Alphonse Humbert, il résulte qu'il n'y a contre M. Delamarche que des on-dit, mais pas un fait clairement démontré. Tout le monde a entendu dire que M. Delamarche, ayant marché avec l'armée de Versailles, avait pu faire partie de la Cour martiale, mais personne ne l'a vu la présider. La seule personne qui ait vu M. Delamarche dans les locaux où siégeait le tribunal militaire, reconnaît qu'il a fait mettre en liberté deux prisonniers et qu'il lui a promis de s'occuper d'elle.

Les débats s'égarent d'ailleurs dans des considérations sur le fonctionnement des Cours martiales, etc.

LA GAZETTE DE FRANCE

Rappelle les origines du procès.

Elle passe en revue les dépositions des témoins cités contre M. Delamarche :

Mᵐᵉ Émion ignore si M. Delamarche était à la Cour martiale des Fourneaux.

M. Camélinat, député et ouvrier, fait une petite apologie de la Commune, il ignore le rôle que M. Delamarche a joué à cette époque.

M. Pelletan, député, a fait une étude sur les Cours martiales. Il ignore le rôle que M. Delamarche a joué à cette époque.

Voici l'impression de ce journal sur les dépositions des témoins de M. Delamarche.

Les témoins cités par M. Delamarche et qui sont ou des anciens gardes nationaux ayant servi sous ses ordres ou des anciens fédérés arrêtés après la Commune et conduits à la prévôté de la rue des Fourneaux, sont entendus.

Tous, sans exception, sont d'accord pour déclarer que M. Delamarche n'est pas l'homme sanguinaire qui est représenté dans le feuilleton de M. Boulabert; que, pendant la semaine sanglante, loin d'avoir été cruel envers les fédérés prisonniers, il en a sauvé plusieurs; qu'enfin il n'a jamais présidé la Cour martiale de la rue des Fourneaux, attendu que le président de cette Cour martiale était un lieutenant de gendarmerie.

L'ATTAQUE

Émet l'opinion suivante:

Une simple question:

Le parquet a plus de procès qu'il n'en peut juger. A quel propos, le président des assises, a-t-il laissé libre cours à la faconde de MM. Camélinat, ouvrier député; Camille Pelletan, député; Humbert, de l'*Intransigeant*, futur candidat? Leurs petits *speechs* politiques n'avaient rien d'intéressant. Ils ne connaissaient rien du procès. De là, pour la Cour, une perte de temps préjudiciable.

Les rouages judiciaires nous coûtent assez cher pour qu'on aille à l'économie.

Ba_z O'Chard.

LE FIGARO

Donne de l'affaire le compte-rendu suivant:

Le *Cri du Peuple* tentait hier une réhabilitation judiciaire de la Commune.

M. Delamarche, ancien officier supérieur de la garde nationale de Paris, avait assigné devant la Cour d'assises le gérant du journal et M. Jules Boulabert, collaborateur du *Cri du Peuple*, en raison d'un feuilleton sur les « Vaincus de la Commune ». M. Boulabert accusait dans ce feuilleton M. Delamarche d'avoir fait fusiller des fédérés pendant la « semaine sanglante ».

Le *Cri du Peuple*, à l'appui de cette accusation, avait fait venir à l'audience nombre de témoins, parmi lesquels M. Camélinat, M. Camille Pelletan, M. Alphonse Humbert.

Aucun de ces témoins n'a articulé le moindre grief à l'encontre de M. Delamarche, et le jury a rendu un verdict de culpabilité sur le chef de diffamation contre le gérant du *Cri du Peuple* et M. Jules Boulabert. Ils ont été condamnés chacun à deux mois de prison, 1,000 francs d'amende et solidairement à 4,000 francs de dommages-intérêts.

LA DÉFENSE

Analyse brièvement les plaidoiries des avocats.

Au sujet de celle de M⁰ Ledru, défenseur de M. Delamarche elle dit ceci :

L'avocat rappelle les états de service et la carrière de M. Delamarche.

Puis il discute les dépositions : celles des témoins du *Cri du Peuple* ne prouvent rien, ou sont formellement contredites par celles des témoins cités à la requête de M. Delamarche. Ce fusilleur, cet homme féroce que dépeint le *Cri du Peuple*, c'est l'homme probe, modeste, laborieux, que le jury connaît à présent. Le jury lui fera justice et lui rendra ce qu'on veut lui ravir, ce qui lui est plus précieux que la vie, son honneur de soldat et de citoyen.

Dans le réquisitoire du ministère public, elle relève ces paroles de M. l'avocat général

Banaston au sujet des témoins du *Cri du Peuple*.

Ceux qu'invoque le *Cri du Peuple* ne prouvent rien; personne n'a vu M. Delamarche président d'un tribunal militaire. La culpabilité est certaine.

LA PETITE PRESSE

L'article tribunaux au sujet de l'affaire Delamarche, est le même que celui du journal la *Dépêche*.

LA PATRIE

Apprécie de la manière suivante les dépositions des témoins du *Cri du Peuple* et de M. Delamarche.

Parlant de M⁻ Émion, des députés Camélinat et Pelletan, elle dit:

Voilà trois témoins qui viennent dire l'un après l'autre:

M. Delamarche! Mais nous ignorons absolument où il était, ce qu'il a fait et ce qu'il n'a pas fait.

Et trois témoins à charge!!!

Voilà qui rappelle assez bien le fameux témoin auquel le président demandait:

— Que savez-vous?

— Rien.

— Déposez.

On comprend qu'après ces dépositions l'affaire était finie.

Les témoins de M. Delamarche sont venus affirmer, ce dont personne ne doutait, que l'ancien commandant des volontaires de Montrouge était un fort galant homme, très sympathique, et ils ont ajouté que pendant la « semaine sanglante » il avait employé toute son activité pour sauver la vie des fédérés tombés entre les mains de l'armée de Versailles.

L'ARMÉE TERRITORIALE

Résume l'affaire d'une manière très succincte et très nette dans les termes suivants:

Le jury de la Seine vient de rendre un éclatant hommage à la loyauté, à la dignité d'un officier territorial. Sur une plainte en diffamation portée par M. Delamarche, receveur de l'octroi de Paris, et capitaine adjudant-major au 31ᵉ territorial d'infanterie, contre MM. Mivielle, gérant du *Cri du Peuple*, Guébhard, propriétaire, et Boulabert, rédacteur de ce journal, la Cour d'assises de la Seine a rendu, le 5 décembre, un arrêt condamnant MM. Mivielle et Boulabert, chacun à deux mois de prison et à 1,000 francs d'amende et, solidairement, à 4,000 francs de dommages-intérêts, ainsi qu'à l'insertion de l'arrêt dans dix journaux, au choix de la partie civile. En ce qui concerne le docteur Guébhard, la cour l'a seulement déclaré responsable des condamnations pécuniaires prononcées contre les deux autres prévenus. Malgré ce verdict, le docteur Guébhard vient, pour sa part, de se pourvoir en cassation contre l'arrêt du 5 décembre. Il ne résulte pas moins de cette décision judiciaire qu'il n'y avait pas un mot de vrai dans les imputations calomnieuses dirigées contre M. Delamarche qui, au moment où la Commune expirait, n'a jamais été président de la Cour martiale de la rue des Fourneaux et qui, au contraire, s'est toujours efforcé, dans la mesure de ses forces, de prévenir les rigueurs d'une répression trop légitime.

BANQUET

Offert le 20 décembre 1885 à M. DELAMARCHE

Salle du Moulin de la Vierge, rue de Vanves

A la suite du procès que M. Delamarche a dû intenter au journal le *Cri du Peuple* et dont nous avons reproduit les débats dans la première partie de ce volume, les anciens volontaires de Montrouge, les sociétaires de la Bibliothèque populaire et les membres du comité républicain radical du XIV⁰ arrondissement, ont voulu donner un témoignage éclatant de sympathie et d'estime à leur président et ami.

La salle du banquet avait été ornée avec goût par les organisateurs de cette fête:

MM. Courteaux, Dive et Romieu pour les volontaires; Barat, Clément, De Casimaker pour la Bibliothèque; Bonneau, Dumoulin, Leguay pour le comité républicain radical.

Sur le fond de la salle, tout couvert de

feuillage, au milieu d'un faisceau de drapeaux tricolores, se détache le buste de la république.

Cent trente personnes environ, connaissant M. Delamarche depuis de longues années et la plupart témoins de sa conduite en 1871, prennent place aux tables dressées; parmi elles nous remarquons un certain nombre de dames et d'enfants, ce qui achève de donner à cette réunion, si intime et si cordiale, le caractère d'une fête de famille.

Aux côtés de MM. Romieu, ancien sergent-major aux volontaires, président du banquet, et Delamarche, prennent place MM. Pierre Laffitte, directeur du Positivisme, Fouqué, professeur au collège de France, membre de l'Institut, le docteur Bouchereau, chef de service à Sainte-Anne, Alphonse Ledru, avocat de M. Delamarche, et Thiriaux, son avoué, Girard, fondateur des bibliothèques populaires, Jeannolle et Corra, publicistes, Champmas, professeur à l'institution des Sourds-Muets, vice-président de la Bibliothèque, Rouch, vice-président de la société des volontaires, Leguay, vice-président du comité républicain radical du XIVe arrondissement, Dreyfus, négociant, Mès, artiste peintre, administrateurs de la caisse des écoles, membres du comité républicain radical du XIVe arrondissement, Chavériat, président du sous-comité de la Ligue des Patriotes du XIVe arrondissement, etc., etc.

Les organisateurs donnent lecture d'un grand nombre de lettres de personnes qui, vu la brièveté des délais (le banquet a été organisé en quatre ou cinq jours), expriment leurs regrets de ne pouvoir assister à cette réunion et envoient leur témoignage d'estime et de sympathie à M. Delamarche.

Parmi les noms cités, nous avons noté ceux de MM. Keufer, ouvrier typographe, Rossignol, directeur de l'association philo-technique de Clichy, Maugery, architecte, président de la Bibliothèque du IIIe arrondissement, Alphonse Pagès, publiciste, Levray, délégué cantonal, Goudchaux, ancien conseiller municipal, Paul Strauss, conseiller municipal, Bluyssen, publiciste, Charles Laurent, directeur du journal *Paris*, Héligon, ancien maire du XIVe arrondissement, Lemonnier, ancien fourrier d'ordre aux volontaires, Poisson, aide-naturaliste au Muséum, Paul Dubuisson et Lepiez, docteurs-médecins, ce dernier ex-médecin-major des volontaires, etc.

M. Romieu, président, ouvre la série des toasts en ces termes :

« Au nom des volontaires de Montrouge, dont je suis le représentant à la commission du banquet, je porte un toast à notre ancien commandant, le citoyen Delamarche.

« Je suis heureux de pouvoir, au nom de tous les anciens volontaires, remercier ici les membres de la Bibliothèque à qui revient l'initiative de ce banquet, puisque leur idée nous procure la satisfaction de donner à notre ancien commandant une preuve publique de notre estime et de nos sympathies.

« Cette preuve puisse-t-elle le venger des indignes calomnies déversées sur lui par le journal le *Cri du Peuple*.

« Au nom de la commission du banquet, dont j'ai l'honneur d'être le président, je bois aussi, à vous Mesdames, qui avez bien voulu par votre présence, ensoleiller notre banquet, et pendant une soirée nous faire croire au printemps, dans ce triste et vilain mois de décembre.

« Je bois à l'ancien commandant des volontaires et à vous, Mesdames.

M. Delamarche répond en remerciant, avec toute l'effusion de son cœur, les personnes qui ont pris l'initiative de ce banquet et celles qui lui ont fait l'honneur de répondre à l'appel des organisateurs.

Il retrouve à ses côtés, avec ses collaborateurs de tous les jours, dans des œuvres d'émancipation sociale, de vieux amis qui depuis son enfance ne l'ont pas quitté. Tous savent que sa vie entière a été consacrée au service de la patrie et de la république.

Il ne veut pas parler des abominables calomnies dont il a été l'objet; l'arrondissement tout entier a été témoin de sa conduite et les vingt-trois personnes qui, spontanément, sont venues déposer devant le tribunal de ce qu'elles avaient vu, n'étaient en réalité que les délégués de la population du XIVe arrondissement, au cours des événements de 1870-71.

Suivant lui, la loi sur la presse présente, en ce qui concerne le délit de diffamation, d'assez grandes imperfections qu'il faudra corriger, si l'on ne veut pas compromettre, dans l'avenir, l'œuvre de liberté qu'elle consacre.

Sous le nom de liberté, cette loi crée en réalité, sur ce point, un privilège au profit de quelques-uns, souvent les moins dignes, ceux qui, pour satisfaire des rancunes inavouables, né reculent devant aucun moyen pour ternir la réputation des citoyens.

Il a fait cette expérience que la lutte d'un citoyen isolé contre un journal, avec sa puissante organisation, qui recherche le bruit et le scandale, est difficile à soutenir, quel que soit d'ailleurs son bon droit.

Si l'on peut personnellement accepter, par devoir civique en quelque sorte, et pour acclimater chez nous des mœurs de liberté, de subir les outrages, les injures, pendant de longues semaines, en attendant que sonne l'heure toujours trop tardive de la justice; la vie des êtres qui nous entourent et nous aiment, en est profondément troublée; il n'est donc pas possible d'admettre que le repos de nos familles puisse être laissé à la merci des dillettantes de la diffamation.

M. Delamarche déclare que les attaques odieuses dirigées contre lui n'ont pas altéré son zèle pour le bien public et qu'il continuera, avec les vaillants amis qui l'entourent, comme par le passé, à servir la patrie et la république.

Une soirée comme celle-ci, ajoute-t-il en terminant, est bien faite pour retremper mon courage et me faire oublier les ennuis que j'ai dû supporter dans ma lutte contre le journal le *Cri du Peuple.*

M. Laffitte, directeur du Positivisme, connaît M. Delamarche depuis de longues années; il veut apprécier en lui ce soir, non-seulement le patriote ardent, le républicain éprouvé, mais surtout le propagateur infatigable de l'enseignement populaire.

Depuis vingt-cinq ans, M. Delamarche est sur la brèche; fondateur de bibliothèques, organisateur de cours, de conférences, il a contribué de toutes ses forces au développement de l'enseignement populaire.

Il ne s'est jamais laissé distraire de cette œuvre capitale: *l'émancipation du prolétariat par l'instruction.* Il pense avec juste raison, que c'est l'unique moyen, le seul efficace que le peuple possède pour arriver au régime qui convient à ses justes revendications.

M. Delamarche a rempli cette tâche avec la plus complète abnégation, sans jamais avoir voulu briguer aucune fonction politique.

M. Laffitte ajoute qu'il peut juger de toute la vie de M. Delamarche par ce constant et noble dévouement à la chose sociale dont il a pu apprécier lui-même toute la portée.

L'éminent philosophe termine en disant que la réunion de ce soir, où tant de sympathies lui sont apportées est bien faite pour le consoler d'attaques aussi inqualifiables qu'imméritées.

M. Champmas, professeur à l'institution des Sourds-Muets, vice-président de la Bibliothèque du XIVe arrondissement, déclare renoncer à la parole, car M. Laffitte vient d'exprimer mieux qu'il ne le pourrait faire, les sentiments des amis de l'instruction du XIVe arrondissement. Pour lui il est heureux d'apporter à M. Delamarche le témoignage de son estime et de sa sympathie pour les services qu'il a rendus à la cause de l'enseignement populaire.

Me A. Ledru, avocat de M. Delamarche, exprime dans un langage élevé, éloquent, le sentiment de l'assemblée qu'il loue d'avoir donné cette haute marque d'estime et d'amitié à son client, victime d'odieuses calomnies.

L'orateur expose ensuite la ligne politique que, suivant lui, doit suivre le parti républicain pour triompher des difficultés présentes et assurer les réformes réclamées par le pays.

M. Laffitte reprend ensuite la parole et porte un toast à Madame Delamarche, la digne compagne, qui a supporté courageusement l'épreuve traversée par son mari. Son état de maladie ne lui a pas permis d'assister aujourd'hui au juste hommage rendu à son mari ; mais on doit l'honorer de l'avoir énergiquement soutenu dans une telle lutte.

M. Leguay, vice-président du comité républicain radical :

« Mesdames, Messieurs,

« Après le procès intenté par notre président, M. Delamarche, au journal le *Cri du Peuple*, à propos des calomnies répandues sur son compte dans le feuilleton de ce journal, le comité républicain radical du XIV° arrondissement a cru devoir protester, par ce banquet, contre la plaidoirie de l'avocat des diffamateurs qui, n'ayant pu prouver aucun des faits articulés contre notre ami, a pris le parti de l'insulter et de le représenter comme n'ayant pas les sympathies de ses concitoyens. C'est pourquoi le comité républicain radical, le conseil d'administration des amis de l'instruction du XIV° arrondissement, les volontaires de Montrouge, ont organisé cette réunion.

En effet, il était impossible à ses amis, à ses anciens compagnons d'armes, de laisser passer

ces mensonges sans protester ; il était nécessaire que nous, qui connaissons Delamarche,
qui l'avons vu à l'œuvre et qui sommes encore
heureux de l'avoir à notre tête pour soutenir
la république, dont les partisans des doctrines du *Cri du Peuple* sont les plus grands
ennemis, de montrer à ces gens, comme viennent de le faire M. Romieu, au nom des volontaires de Montrouge, et MM. Laffitte et
Champmas, au nom de la Bibliothèque, que
nous avons toujours trouvé Delamarche prêt
à se sacrifier pour la cause que nous défen-
dons tous, pour le salut de la république ;
mais de cette république sage, ferme et pro-
gressive qui seule pourra soutenir la gloire de
notre drapeau, l'intégrité du territoire national, aussi bien au Tonkin qu'à nos frontières,
et non cette république, soi-disant socialiste
révolutionnaire, qui nous conseille la lâcheté
au dehors et la haine à l'intérieur.

M. Fouqué, membre de l'Institut, ne veut
pas laisser passer l'occasion qui lui est offerte
d'exprimer le regret de n'avoir pas demandé
à témoigner dans le procès intenté par M. Delamarche au journal le *Cri du Peuple.*

Il connaît M. Delamarche depuis la fin de
la Commune et il a été le témoin intime du

zèle, du dévouement, qu'il a apportés dans son œuvre de protection aux vaincus, œuvre dont il n'a pas toujours été récompensé.

Il pourrait citer beaucoup de faits dans lesquels il est intervenu, sur la demande de M. Delamarche, pour protéger ou secourir des victimes de l'insurrection de 1871. Il en veut seulement citer quelques-uns; celui de T....., par exemple, dont la femme, mère de huit enfants, a obtenu pendant la détention de son mari, un kiosque pour la vente des journaux, à l'entrée de la rue du faubourg Saint-Martin, et dont les enfants ont été secourus pendant tout ce temps. Celui de la femme C..., dont le mari et le fils aîné avaient péri dans la lutte et qui restée sans ressources avec plusieurs enfants en bas-âge, a obtenu une autorisation de circulation comme marchande de légumes, autorisation qui aujourd'hui encore constitue son gagne-pain. Celui des familles A... et F... dont les enfants ont été recueillis et élevés. Enfin, M. Fouqué rappelle le cas de B..., blessé grièvement par un éclat d'obus, lors de l'évacuation du fort d'Issy par les fédérés, recueilli et soigné sur sa recommandation et celle de M. Delamarche, caché pendant le temps de sa convalescence, puis

placé comme garçon de chantier dans un établissement industriel où il est encore employé.
Tels sont, dit M. Fouqué, les méfaits de
M. Delamarche! Tel est l'homme dont on a
voulu faire un dénonciateur!

M. Boudeville, ancien volontaire, blessé à
Buzenval, dit:

Le citoyen Delamarche n'a pas eu seulement un rôle honorable, que je n'ai pas à
examiner ici, à la rentrée des troupes; mais
c'est lui qui, depuis 1870, *il faut que cela
soit dit*, a le mieux et le plus utilement
représenté dans le XIVe arrondissement, le
patriotisme et l'idée républicaine.

En 1870, c'est le citoyen Delamarche, alors
que personne ne s'en occupait, dans le XIVe
arrondissement, qui a répondu à l'appel du
gouverneur de Paris, en organisant cinq
cents volontaires qu'il a ensuite conduits à
l'ennemi.

En 1871, le 24 juin, il fondait la Bibliothèque, dont sont sortis presque tous les
républicains qui, depuis, ont administré le
XIVe arrondissement.

Le citoyen Boudeville rappelle que c'est le
citoyen Delamarche qui, bien qu'employé de
la Ville, et alors que l'administration n'était

pas républicaine, prit au lendemain de la Commune, l'initiative de la formation des comités électoraux républicains qui présidèrent aux élections législatives et municipales de 1871.

Depuis ce temps, M. Delamarche n'a cessé de s'occuper, d'une manière aussi active qu'utile, du développement et de l'affermissement de la république.

Lorsque s'est présentée la question si importante pour le prolétariat, de l'organisation d'une caisse de retraite pour les vieux travailleurs; c'est encore lui qui s'en occupa le plus.

Le citoyen Boudeville dit en terminant, que depuis quinze ans, au XIVe arrondissement, c'est le citoyen Delamarche qui a le plus fait pour la démocratie et le prolétariat.

M. Chavériat. Au nom de la Ligue des Patriotes, au nom du comité local dont j'ai l'honneur d'être président, je bois à notre ami Delamarche, l'un des meilleurs et des plus dignes d'entre nous.

Ces différents discours ont été salués par les chaleureux applaudissements des assistants.

La soirée s'est continuée, gaie et pleine de

cordialité, par des chants et des récitations de poésies; elle s'est terminée par l'hymne de la *Marseillaise*, admirablement chanté par M. Chapelle et repris au refrain par cent voix républicaines.

Chacun s'est ensuite séparé, heureux d'avoir affirmé publiquement sa sympathie et son estime pour un honnête et courageux citoyen, un bon républicain.

Divers journaux ont rendu compte de ce banquet, citons notamment l'*Événement* qui s'exprime ainsi :

Une réunion touchante a eu lieu hier soir, dans la salle du Moulin de la Vierge, à Montrouge.

Un banquet avait été organisé en l'honneur de M. Delamarche, ancien commandant du bataillon des volontaires de Montrouge, par les survivants de ce bataillon, par la bibliothèque populaire et par le comité républicain radical du XIVe arrondissement; cette manifestation toute spontanée, destinée à donner à M. Delamarche un témoignage public d'estime et de sympathie, à la suite du douloureux mais victorieux procès qu'il a dû récemment soutenir devant la Cour d'assises, avait réuni un grand nombre de convives.

Divers toasts des plus cordiaux on été portés à l'honorable M. Delamarche par ses anciens compagnons d'armes, par M. Pierre Laffitte, directeur du positivisme; par M. Fouqué, membre de l'Institut; par M⁰ Ledru, défenseur de M. Delamarche, et par diverses autres personnes.

M. Delamarche a répondu avec émotion à tous ces témoignages qui le vengent, a-t-il dit, mieux encore que l'arrêt de la Cour d'assises, des calomnies dont il a été l'objet.

M. D.

DOCUMENTS

ET PIÈCES JUSTIFICATIVES (1)

———

Certificat de Sauvetage

L'an mil huit cent soixante-six, le vingt-quatre mai.

NOUS, CHARLES GABET, commissaire de police de la ville de Paris, plus spécialement chargé du quartier de la Porte Saint-Martin, officier de police judiciaire, auxiliaire de M. le procureur Impérial.

CERTIFIONS que le sieur DELAMARCHE (ÉTIENNE), employé de l'octroi, demeurant rue du Grand Saint-Michel, n° 25, a fait preuve d'un réel courage et d'un dévouement méritoire en se jetant à la nage, dans le canal Saint-Martin, bassin de la Douane, le 19 du courant, pour se porter au secours de la nommée DARDELLE (ANGÉLIQUE), âgée de quin.. .s, demeurant chez ses parents, rue de l'Echiquier, n° ., .i y était tombée accidentellement; qu'il a ramenée saine et sauve, ladite DARDELLE, qui, sans son assistance efficace, pouvait succomber.

Le Commissaire de police,

Signé : GABET.

———

(1) Les autres pièces justificatives sont intercalées dans la plaidoirie de M° LEBER, pages 77 à 121.

ADMINISTRATION DES HOPITAUX ET HOSPICES

DU DÉPARTEMENT DE LA SEINE

Division des Secours et des Enfants-Assistés

Paris, le 13 juin 1871.

Monsieur HÉLIGON, maire du XIVe arrondissement.

Monsieur le Maire,

M. le Directeur de l'hospice des Enfants-Assistés m'a signalé l'empressement avec lequel vous avez bien voulu accueillir nos malheureux enfants auxquels l'hospice n'offrait plus un asile assuré, et il m'a fait connaître avec quelle sollicitude vous avez pourvu vous-même à leur nourriture et à leurs besoins.

Je m'empresse, M. le Maire, de vous transmettre les remercîments de l'Administration pour le concours dévoué que vous lui avez prêté et de vous exprimer tous ses sentiments de reconnaissance pour un acte généreux dont elle gardera le souvenir.

Agréez, Monsieur le Maire, l'assurance de ma considération très distinguée.

L'Agent général des hospices
du département de la Seine.

Signé : MICHEL MORING.

RÉPUBLIQUE FRANÇAISE
LIBERTÉ ÉGALITÉ FRATERNITÉ

FORMATION D'UN BATAILLON DE VOLONTAIRES
GARDES NATIONAUX

Citoyens, la patrie est en danger!!!

Notre droit absolu en ce moment, c'est de réclamer des armes, des souliers, du pain pour nous et les nôtres.

Notre devoir de marcher à l'ennemi!

Que tous ceux qui pensent ainsi se présentent demain, 6 novembre, à la mairie du XIV⁰ arrondissement, salle des mariages, à partir de dix heures du matin, ils seront inscrits pour former le 1er bataillon des volontaires de l'arrondissement.

P. DELAMARCHE

Capitaine commandant la 9ᵉ Cⁱᵉ du 105ᵉ bataillon,
chargé d'organiser le bataillon,
secrétaire de la Bibliothèque des amis de l'instruction.

Nomination au grade de Lieutenant-Colonel

Paris, le 28 décembre 1870.

Monsieur DELAMARCHE, lieutenant-colonel commandant le 53ᵉ régiment de Paris.

Monsieur,

J'ai l'honneur de vous informer que par décret en date du 27 de ce mois, rendu sur ma proposition, le gouvernement de la Défense nationale vous a nommé au grade de lieutenant-colonel du 53ᵉ régiment de Paris, composé du bataillon des volontaires de Montrouge et des 156ᵉ, 160ᵉ et 161ᵉ bataillons de la garde nationale de la Seine. (Pour la durée de la guerre.)

Recevez, Monsieur, l'assurance de ma considération distinguée.

Le Commandant supérieur des gardes
nationales de la Seine,

CLÉMENT-THOMAS.

19

Nomination dans l'ordre de la Légion d'honneur

Le grand chancelier de l'ordre national de la Légion d'honneur, certifie que par décret du vingt-neuf janvier mil huit cent soixante-onze.

M. DELAMARCHE, Étienne-Paul, lieutenant-colonel du 53ᵉ régiment de Paris.

A été nommé chevalier de l'ordre national de la Légion d'honneur, pour prendre rang du même jour.

Paris, le 2 février 1871.

P. le grand chancelier,
Le secrétaire général,
DE VAUDRIMER.

Formation d'une Caisse de Bataillon

Paris, le 20 février 1871.

Les soussignés, membres du conseil d'administration du bataillon des volontaires de Montrouge, certifient que sur la proposition de M. DELAMARCHE, commandant, ledit conseil a décidé, le 20 novembre 1870, qu'une caisse de bataillon serait créée pour subvenir aux besoins les plus pressants des citoyens nécessiteux, des blessés ou de leur famille.

Cette caisse devait être alimentée par les abandons de solde des officiers.

M. DELAMARCHE, conformément à cette décision, a versé entre les mains de M. LEMONNIER, trésorier de cette caisse, pour être employées, ainsi qu'il est dit ci-dessus, les sommes suivantes :

Le 7 décembre 1870.   70 fr.
Le 7 janvier 1871. . 120
Le 7 février 1871. . 150

soit un total de . . . . . 340 fr. que M. DELA-MARCHE a versés à la caisse du bataillon, dont les soussignés étaient les administrateurs, et qu'il a prélevés sur les trois mois de solde qui lui ont été alloués pendant le siège.

Pour le conseil d'administration:

Le capitaine de la 1re Cie, *administrateur,*	*Le fourrier d'ordre,* *trésorier,*
Signé: NOIZET.	Signé: LEMONNIER.

P.-S. — Le 20 février 1871, M. LEMONNIER, quittant le bataillon, a remis le reliquat de la caisse du bataillon, ainsi que le carnet de caisse, à M. X....., devenu officier-payeur et trésorier de la caisse.

———

Versailles, le 19 avril 1871.

Monsieur le Préfet,

Je vous adresse la lettre ci-jointe de Mme Veuve ÉCHALIER, laquelle désirerait savoir si son fils se trouve parmi les prisonniers faits les 3 et 4 avril sur le plateau de Châtillon. Cet homme était garde aux volontaires de Montrouge.

Je désirerais également savoir si le nommé LEMAITRE (Gustave), garde au 103e bataillon, se trouve aussi parmi les prisonniers.

Ces renseignements me sont demandés par M. FOURNIER, employé à la Caisse des dépôts et consignations, qui connaît la famille de LEMAITRE.

Ci-joint la lettre de M. FOURNIER.

Comptant, M. le Préfet, que vous accueillerez favorablement cette demande, je vous prie d'agréer, etc.

DELAMARCHE.

Lieutenant-colonel commandant les volontaires de Montrouge, retiré à Versailles, chez M. Bidault, rue de la Paroisse, 25.

Versailles, le 1er mai 1871.

Extrait d'une lettre à M. *, officier aux volontaires
de Montrouge.**

Mon cher Lieutenant,

. . . . j'avais laissé sur ma solde la somme
de 340 francs qui ont servi exclusivement au bataillon, et sur
lesquels il doit vous rester encore 180 francs environ.

Vous me ferez connaître ce que cette somme est devenue
et, comme à Versailles, à Brest ou à Belle-Isle, il y a des
hommes du bataillon qui sont sans ressources, vous m'enverrez
50 francs dont je disposerai pour faire, à titre d'avance, des
envois à ces hommes. Quatre parmi eux sont blessés et soignés à
l'hôpital de Versailles.

Vous informerez Mesdames de la BACHELLERIE, TROUSSET et
DOLLIÉ, que leurs maris ou fils sont à Brest, fort de Quélern,
que j'ai reçu de leurs nouvelles et qu'ils m'ont dit être aussi
bien traités que possible, pour leur position.

Les autres prisonniers sont à Belle-Isle et je n'en ai pas eu
de nouvelles.

M. R......, lieutenant de brancardiers est à Belle-Isle, avec
son fils EMMANUEL, il m'a écrit.

Veuillez donc informer sa femme, qui demeure passage
Raimbaud, derrière l'église de Montrouge. M. R...... était
ambulancier ainsi que son fils; il n'y a nul doute qu'aussitôt
l'insurrection terminée, mes démarches ne soient couronnées
de succès et qu'il soit promptement élargi. Il réclame du
linge et un peu d'argent.

Veuillez agréer, etc.

DELAMARCHE.

Versailles, le 1er mai 1871.

M. R......, prisonnier politique, à Belle-Isle-sur-Mer.

Monsieur,

Je vous envoie ci-jointe une lettre de votre femme demandant de vos nouvelles. Je lui ai fait parvenir le lieu de votre détention et la nature de vos besoins.

Comme vous ne portiez pas les armes, et que comme ambulancier, vous donniez des soins aux deux partis, il est probable qu'aussitôt l'insurrection vaincue vous serez relaxé.

Je ferai valoir également en votre faveur vos services pendant le siège.

Veuillez agréer, etc.

DELAMARCHE.

———

Versailles, le 5 mai 1871.

M. ***, officier aux volontaires de Montrouge.

Monsieur,

J'ai eu des nouvelles des prisonniers de Belle-Isle, par une lettre du fourrier ***.

Ils sont bien traités pour leur position, mais ils auraient besoin de linge de rechange et d'un peu d'argent.

De plus ils sont sans aucune nouvelle de leur famille, c'est ce qui les inquiète le plus.

Je joins à cette lettre la liste nominative de ces prisonniers, en vous priant de donner de leurs nouvelles à leurs familles, auxquelles vous ferez également connaître leurs besoins en linge et en argent.

Pour les blessés, le plus jeune des METTAU va bien, il est en convalescence, l'aîné n'est pas aussi heureux, sa blessure est plus grave et demandera plus de temps à guérir. Informez les parents.

Veuillez agréer, etc.

DELAMARCHE.

Liste nominative des prisonniers faits à Châtillon les 3 et 4 avril, visités à Versailles le 6 ou le 7 par M. Delamarche, pour les secourir, donner de leurs nouvelles à leurs familles et les recommander à la bienveillance et à la clémence des autorités, en raison de leur honorable et courageuse conduite pendant le siége contre les prussiens.

METTAU aîné et METTAU jeune, THIBAUT, ESTIVAL, LANIEL, LEMONNIER, FRANCHOT, DE LA BACHELLERIE, SEBOURQUE, SERMET, MOTÉ, DOLLIÉ fils, VAUMAL, BUGEARD, DILLÉVYNS, JOSEPH, VANNIER, SIGNORET, HARDY, GUERGUE, BECQUET, NIOLLET, ELGAR, TROUSSET, MARIUS, GAUTHIER, FÉLIX, CATHELINOIS, GAUFFERT, CHARDON, STENET, HERBET, GARAULT, POIRIER, ROYER, SENAJEON, PINT, DELATTRE, CADOT, ROGER père et fils.

Sur ce nombre, quatre étaient blessés et soignés dans la salle des consignés à Versailles.

A notre connaissance tous ces hommes, sauf ELGAR, mort pendant sa détention, METTAU aîné, mort des suites de ses blessures et de la BACHELLERIE, condamné à un mois de prison, ont bénéficié d'une ordonnance de non-lieu ; du moins, nous ne connaissons aucune exception. M. DELAMARCHE ayant revu la plupart de ces citoyens, après leur libération en 1871 ou 1872.

M. DELAMARCHE fit cette visite, sollicité par les familles des détenus, et au moyen d'une autorisation que lui accorda M. le général APPERT, son ancien chef d'état-major, en raison de ce que le bataillon des volontaires avait été cité à l'ordre du jour de l'armée, pour sa belle conduite à Buzenval.

Malgré l'autorisation du général APPERT, M. DELAMARCHE fut assez mal accueilli par les personnes chargées de la garde des prisonniers.

Dans une deuxième visite, pour éviter ces ennuis, M. DELAMARCHE était accompagné, non par le colonel GAILLARD, qu'il n'a pas l'honneur de connaître, mais par plusieurs officiers des volontaires, et M. T...., alors lieutenant-colonel, maintenant général de brigade, qui était en résidence à Versailles et n'y exerçait aucune fonction. Cet officier supérieur avait connu M. DELAMARCHE au 10e régiment de ligne où ils servaient ensemble ; c'est pourquoi il voulut bien lui prêter ses bons offices dans cette circonstance.

Ordre de mise en liberté

Messieurs ROGGEN père et fils seront mis en liberté, reconnus innocents, sous la responsabilité du colonel DELAMARCHE.

Général LEVASSOR-SORVAL.

Extrait d'une lettre du général Levassor-Sorval

Aix, le 20 octobre 1885.

Ma division avait la prévôté réglementaire, l'officier de gendarmerie.

Général LEVASSOR-SORVAL.

Certificat de résidence

BIDAULT aîné, serrurier, rue de la Paroisse, 26

Versailles, le 10 juin 1871.

J'ai logé chez moi, depuis le 18 mars à onze heures du soir venant de Paris, jusqu'au 23 mai inclus, retournant à Paris, M. DELAMARCHE (Paul), lieutenant-colonel de la garde nationale, chevalier de la Légion d'honneur.

FRANÇOIS BIDAULT.

Vu pour la légalisation de la signature de M. F^ois BIDAULT, le 10 juin 1871.
P. le Maire de Versailles,
BARRIN-PERRAULT.

Institution de Commissions de secours

Une commission supérieure est instituée pour la distribution des secours, elle sera composée jusqu'à nouvel ordre de MM. Héligon, maire, Delamarche, lieutenant-colonel, commandant supérieur de l'arrondissement, et Ricard, chef de comptabilité.

Dans chaque ancien bataillon, une commission de trois membres est instituée pour la répartition des secours; deux employés de cette commission feront le travail sous le contrôle du chef de bataillon qui correspondra avec la commission supérieure.

Chaque commission siégera dans le bureau de l'ancien bataillon.

Les secours consisteront pour le moment en distributions de bons de pain et de viande.

Chaque personne recevra par jour 500 grammes de pain et 125 grammes de viande. La distribution se fera pour quatre jours.

Pour amener la régularité et l'ordre dans ce service, chaque chef de bataillon fera immédiatement dresser un état nominatif des nécessiteux, sur des états du modèle ci-dessous.

N° de l'A*** Compagnie.	NOMS ET PRÉNOMS	Age.	Demeure.	NOMBRE DE BOUCHES			
				Mari.	Femme.	Enfants.	Ascendants.

Cet état sera signé par les trois membres de la commission et remis à la municipalité. Un double dudit état figurera sur la première partie d'un registre spécial, lequel sera consacré à l'inscription quotidienne des secours donnés dans sa deuxième partie. De plus chaque personne devra émarger sur un état du modèle ci-dessous dressé chaque jour et renvoyé à l'autorité municipale.

En outre un carnet sera tenu, sur lequel on inscrira la quantité de bons par nature et kilo remis à chaque ancien bataillon et la quantité distribuée.

Ce carnet sera arrêté chaque soir et facilitera le contrôle, car en rapprochant les totaux du carnet des totaux des états remis chaque jour, on pourra faire ressortir une différence en bons qui devra exister en caisse.

Jusqu'à nouvel ordre, MM. les chefs de bataillon viendront au rapport le matin à neuf heures et le soir à cinq heures.

JOURNÉE DU   AU

Nos d'Ordre	NOMS	NOMBRE DE BOUCHES	Nombre de kilogs		Émargement	OBSERVATIONS
			PAIN	VIANDE		

Ordre est donné à tous les sergents-majors et officiers payeurs des anciens bataillons, de rapporter à leur chef de bataillon la comptabilité et les reliquats de caisse dont ils sont détenteurs.

Les contrevenants seront déférés aux tribunaux pour vol. Les chefs de bataillon rendront compte et fourniront un état des sommes remises.

Ce service a fonctionné du 25 mai au 11 juin 1871.

Signé : HÉLIGON.

Vu pour légalisation de la signature de M. Héligon,

Paris, le 10 octobre 1883.

Le Maire,

Signé : CAHEN, adjoint.

Quantités distribuées

Extrait de l'état général et récapitulatif des quantités de pain et de viande délivrées par la municipalité et distribuées par les soins des chefs de bataillon, avec les états émargés venant en décharge, en conformité de l'instruction ci-dessus.

Période du 31 mai au 13 juin.

Pain. . . . .   29.387 kilog. 500 grammes.
Viande. . . . . . .   6.418 —   750   —

Paris, le 16 juin 1871.

Les Membres du bureau central chargé de la répartition des bons aux divers bataillons,

DESGREZ, FINSTERWALD, PASQUIER.

Les Membres de la commission,
Eugène RICARD, DELAMARCHE.

Vu : Le Maire,
HÉLIGON.

———

Extrait du rapport adressé à M. Héligon, maire du XIV⁰ arrondissement, par M. Eugène Ricard, chef des bureaux de la mairie.

SECOURS

Secours du 25 mai au 10 août 1871

L'époque de la période insurrectionnelle, du 21 mars au 25 mai 1871, n'a laissé aucune trace des secours donnés aux nécessiteux.

A partir du 25 mai, le bureau de bienfaisance n'étant pas encore réorganisé, la situation était des plus graves, un grand nombre de chefs de famille étaient prisonniers, tués ou en fuite.

Des femmes et des enfants se trouvaient sans aucune ressource. D'un autre côté, il fallait donner à la garde nationale des secours en nature, le gouvernement ayant déclaré ne pouvoir rétablir la solde, un service de secours fût immédiatement établi ; il comprit d'abord les secours aux nécessiteux non gardes nationaux.

Il leur fut distribué, du 27 mai au 3 juillet 1871: bons de pain de 500 grammes, 1 kilog et 2 kilogs, 250,710, pour une somme approximative de . . . . 110,000 fr.

A la garde nationale, du 23 mai au 11 juin, comme remplacement de la solde:

Bons de pain de 500 grammes, 1 et 2 kilogs, 28,280, ou une somme de . . . . . 15,000 fr.

Bons de viande de 500 grammes à 80 centimes l'un, 13,450, ou . . . 10,760

Secours en argent 500

TOTAL pour la garde nationale. 26,260 fr. ci 26,260 fr.

TOTAL général . . . 136,260 fr.

Non compris les frais d'impression et autres menus frais.

Les secours, depuis le 23 mai, auraient donc occasionné une dépense d'environ 110,000 francs.

Rédigé par le soussigné, chef des bureaux de la mairie du XIVe arrondissement de Paris, d'après les ordres de M. HÉLIGON, maire du XIVe arrondissement.

Signé : EUGÈNE RICARD.

Paris, le 9 octobre 1885.

Certifié conforme :
HÉLIGON,
ancien maire du XIVe arrondissement.

Paris, le 19 octobre 1885.

Vu pour légalisation de la signature de M. HÉLIGON, apposée ci-dessus,
Le Maire du XIVe arrondissement.
DAVID.

NOTA. — Indépendamment de ces secours en nature, la solde a pu être allouée pendant quelques jours, aux gardes nationaux de service à tour de rôle. Les états et registres d'émargement produits au procès, indiquent qu'une somme de 1,925 fr. 23 cent. a été employée à cet usage, sur l'ordre de l'état-major de la garde nationale.

Ce n'est que vers la fin de mai que le gouvernement fit connaître sa résolution de ne pas continuer la solde et que des secours en nature furent appelés à la remplacer au XIVe arrondissement.

Les choses ne se passèrent pas de même dans les autres quartiers, car, ainsi que l'a déclaré M. Héligon dans sa déposition, les secours distribués aux nécessiteux du XIVe, du 25 mai au 1er juillet, représentent environ le tiers des secours distribués dans tout Paris pendant la même période.

Paris, le 13 juin 1871.

Mon cher Commandant,

J'ai l'honneur de vous informer que M. le Ministre de l'intérieur, consulté par moi sur la destination à donner aux sommes provenant des caisses de secours des anciens bataillons de la garde nationale, a décidé qu'en raison des circonstances actuelles, il convient d'en laisser la disposition aux maires des arrondissements qui auront à pourvoir à l'existence des anciens gardes nationaux.

Veuillez, en ce qui concerne les bataillons de votre arrondissement, vous conformer à cette décision, mon cher commandant, et recevoir l'assurance de mes sentiments dévoués.

Le Lieutenant-Colonel,
sous-chef d'état-major général.

Signé : P.-B. de MORTEMART.

Monsieur DELAMARCHE, ex-commandant du XIVe arrondissement.

SPÉCIMENS

des rapports et certificats établis par M. Delamarche en faveur des prisonniers

Paris, 15 juin 1871.

Demande tendant à obtenir la mise en liberté des hommes du 46ᵉ bataillon, arrêtés en masse le 21 mai 1871, au chef d'état-major de la garde nationale.

Il résulte de l'enquête que j'ai faite au sujet des compagnies de guerre du 46ᵉ bataillon, d'ancienne formation, que, durant toute la période insurrectionnelle, le 46ᵉ bataillon a été suspect aux autorités communales, aux comités, ainsi qu'aux bataillons nouveaux de l'arrondissement.

Les hommes comprenant ce bataillon sont presque tous établis dans l'arrondissement, et jusqu'au dernier moment ils ont refusé de marcher pour la Commune. Ce n'est que la veille de l'entrée des troupes à Paris, c'est-à-dire le 20 mai, que le nouveau commandant, M. P....., parvint, se servant de la pression exercée par les comités, à entraîner son bataillon du côté de Passy.

Mais loin de se battre contre l'armée, les hommes du 46ᵉ, aussitôt qu'ils aperçurent nos soldats, s'empressèrent de se rendre à eux et se constituèrent prisonniers sans brûler une amorce.

Aujourd'hui le bataillon tout entier est prisonnier à bord du *Napoléon*, à Cherbourg.

Prenant en considération la position spéciale qui était faite au 46ᵉ dans l'arrondissement, les circonstances particulières dans lesquelles ce bataillon s'est rendu, et *invoquant les instructions toutes clémentes* que j'ai reçues de M. le chef d'état-major au sujet des hommes qui viendraient à nous, aussitôt la rentrée de l'armée dans Paris; je viens vous prier, mon colonel, de faire les *démarches les plus pressantes auprès de l'autorité militaire et du gouvernement* pour obtenir la mise en liberté de ceux des hommes du 46ᵉ bataillon sur lesquels ne pèse aucune charge spéciale.

L'état des esprits dans le XIVᵉ arrondissement est aussi satisfaisant que possible, la population, un instant troublée par les mensonges et les calomnies des gens de la Commune, a pu fournir un assez grand nombre de soldats à l'insurrection. Mais tous ces hommes sont des ouvriers laborieux que les circonstances ont jetés dans de mauvaises habitudes, mais qui, désillusionnés d'espérances chimériques et par la rude leçon qu'ils viennent de recevoir (1), vont, je n'en doute point, reprendre leurs travaux avec ardeur. Comptant sur votre bienveillance et votre justice, je vous laisse, mon colonel, la suite complète à donner à cette demande, laquelle est appuyée des vœux de tous les notables du XIVᵉ arrondissement.

Veuillez agréer, mon colonel, etc.

Signé : DELAMARCHE.

———

Note tendant à faire remettre en liberté tous les hommes arrêtés sur le plateau de Châtillon les 3 et 4 avril, adressée le 15 juin 1871, au colonel chef d'état-major de la garde nationale.

L'arrondissement compte un certain nombre de veuves, beaucoup de femmes de prisonniers restent avec des enfants en bas âge ; la municipalité déjà surchargée de dépenses pour secourir la nombreuse population indigente, serait dans l'impossibilité d'aider ces malheureux.

Il y aurait donc, dans l'intérêt public, afin d'éviter le développement trop considérable du paupérisme, à faire prendre des mesures générales au sujet des hommes sur lesquels ne pèse aucune charge spéciale, notamment sur les prisonniers des 3 et 4 avril et à rendre ces hommes à leurs familles pour qu'ils les nourrissent par leur travail.

DELAMARCHE.

———

Certificat ayant pour but de faire remettre en liberté M. de la Bachellerie, ouvrier maçon, père de quatre enfants, ex-sergent aux volontaires de Montrouge.

Je certifie que M. de la BACHELLERIE a servi sous mes ordres du 6 novembre au 18 mars, avec honneur, courage et dévouement.

(1) Dans la pensée du rédacteur, et ainsi que l'indique le sentiment de clémence qui a inspiré ce rapport et qui règne dans tout ce document, cette phrase doit être complétée et interprétée dans le sens de : « *leçon reçue des événements.* »

Je l'ai toujours considéré comme mon meilleur sous-officier, il a fait le service des avant-postes d'une façon distinguée.

Au combat de Buzenval, devant la Malmaison et sous mes yeux, il a enlevé une grille occupée par les prussiens, d'où ceux-ci nous fusillaient à bout portant.

Il est notoire, au XIVe arrondissement, que c'est par miracle qu'il n'a pas été tué dans cette circonstance.

Pour sa belle conduite, je l'avais porté d'abord pour la médaille, puis plus tard pour la croix, et s'il n'a été cité qu'à l'ordre de l'armée le 29 janvier, cela résulte d'un travail fait trop rapidement à l'état-major.

J'ajoute que de la BACHELLERIE était aussi discipliné que brave: en un mot, en ce moment de défaillance, je l'ai toujours considéré comme un type achevé, représentant à un haut degré l'honneur et l'obéissance militaires. Pendant la période qui a précédé le 18 mars, de la BACHELLERIE a été à mes côtés pour défendre l'ordre.

Au dernier moment, je dus abandonner la capitale et me rendre à Versailles,

De la BACHELLERIE se trouvant isolé, sans conseil, ayant besoin de rester dans la garde nationale pour faire vivre sa femme et ses quatre enfants, eût la faiblesse d'accepter le grade de capitaine, mais je réponds, sous ma responsabilité personnelle, qu'il a été trompé lorsqu'on l'a fait sortir de Paris, il ne croyait pas, j'en suis convaincu, se heurter à l'armée de la France dont il possède les vraies traditions et qu'il a toujours aimée au-dessus de tout.

En raison de tout ce qui précède, je supplie les juges de M. de la BACHELLERIE d'être cléments et de rendre à son foyer un ouvrier laborieux et un vrai soldat, capable jusqu'à son dernier souffle de verser son sang pour la France (1).

J'affirme en outre que de la BACHELLERIE n'a pas d'autre opinion politique qu'un culte pour la gloire de son pays.

DELAMARCHE.

---

(1) M. DELAMARCHE, appelé en témoignage, a répété devant le conseil de guerre ce qui est rapporté dans le certificat.

De la BACHELLERIE a été condamné à un mois de prison pour usurpation de fonctions.

7 août 1871.

Sommaire du certificat à KAYL, faisant connaître ses bons services pendant le siège.

Demande aux juges d'être cléments pour lui, au sujet de la part qu'il a prise à l'insurrection du 18 mars.

DELAMARCHE.

15 août 1871.

Demande au général APPERT pour qu'il fasse mettre MIOT, CLAUDE, du 161e bataillon, pris le 4 avril à Châtillon, en liberté.

DELAMARCHE.

PARTI OUVRIER
CERCLE COLLECTIVISTE RÉVOLUTIONNAIRE
du XIVe arrondissement

Mardi 1er Décembre 1885 à 8 heures 1/2 du soir

Salle des Mille-Colonnes
2), RUE DE LA GAITÉ, 2)

GRANDE RÉUNION PUBLIQUE
SOUS LA PRÉSIDENCE DU CITOYEN

E. VAILLANT
Ancien membre de la Commune. — Conseiller municipal de Paris.

ORDRE DU JOUR
L'affaire Delamarche devant la justice du Peuple ;
Les massacres de mai 1871. — Les pourvoyeurs des Cours martiales (*brassards tricolores, dénonciations, etc.*)

ORATEURS INSCRITS
Albert GOULLÉ, Jules GUESDE, Paul LAFARGUE, G. CRÉPIN, G. ROBELET, etc.

PRIX D'ENTRÉE : 30 CENTIMES
Paraît tous les samedis, LE SOCIALISTE, organe du parti ouvrier, le N° 10 cent.

Paris, le 24 avril 1876.

Monsieur,

Je suis heureux d'avoir à vous informer, au nom de la Société Franklin, qu'une médaille d'argent vous a été décernée par notre conseil d'administration.

Vous recevrez par la poste, en même temps que votre médaille, le numéro de notre bulletin contenant le compte-rendu de la séance solennelle où cette récompense a été publiquement proclamée.

Agréez, Monsieur, l'assurance de ma considération la plus distinguée.

Le président de la Société Franklin,

Signé : Ad. D'EICHTHAL.

Monsieur Paul DELAMARCHE, secrétaire des amis de l'instruction des IIIe et XIVe arrondissement, 18, rue de Sévigné, à Paris.

Attestation de Danner, prisonnier

DANNER, caporal à la 8e compagnie du 103e bataillon, actuellement passage Didot, 8.

Le 23 mai 1871, je me trouvais boulevard des Fourneaux, prisonnier. Lorsque je vis arriver le citoyen DELAMARCHE suivi du citoyen NOIZET et autres.

Il s'en alla à la prévôté, non pour y procéder et encore moins y présider la Cour martiale, mais pour y sauver la vie des citoyens ROGGEN père et fils, sergent-major et fourrier de la 2e compagnie des volontaires de Montrouge.

J'affirme que le citoyen DELAMARCHE n'a fait fusiller personne boulevard des Fourneaux.

DANNER, caporal, 8e compagnie, 103e bataillon, prisonnier de guerre, 8, passage Didot.

J'approuve l'écriture ci-dessus,

Signé : DANNER, passage Didot, 21.

Paris, le 20 octobre 1885.

Vu par nous, maire du XIVe arrondissement, pour la légalisation de la signature de DANNER, *apposée ci-dessus,*

Le Maire,

Signé : DAVID.

Je remercie le citoyen DELAMARCHE d'avoir sauvé la vie aux citoyens ROGGEN père et fils, mon sergent-major et mon fourrier.

J'étais leur capitaine.

Signé : ROUCH.

―――――

Protestation des Volontaires de Montrouge

31 octobre 1885.

En réponse à l'article du *Cri du Peuple*, ayant trait à M. Paul DELAMARCHE, lequel *Cri du Peuple* prie les anciens volontaires de Montrouge de lui donner tous les renseignements concernant M. Paul DELAMARCHE, ancien chef de bataillon des volontaires de Montrouge.

Les soussignés, tous anciens volontaires, certifient : que M. Paul DELAMARCHE a commandé pendant toute la durée du siège, son bataillon et ensuite le 53ᵉ régiment, avec loyauté, honneur et courage, qu'il s'est toujours montré intègre, ponctuel et inflexible sur la discipline.

Ils certifient en outre que la distinction conférée à M. DELAMARCHE par le décret du 29 janvier 1871, n'a été que la juste récompense de ses loyaux services.

ROMIEU, *ex-sergent-major, cité à l'ordre du jour de l'armée;*

CARLIER, *statuaire, blessé à Buzenval, décoré de la médaille militaire, chevalier de la Légion d'honneur;*

ROGGEN, *ex-sergent-fourrier;*

BOUDEVILLE, *blessé à Buzenval, décoré de la médaille militaire;*

Docteur LEPIEZ, *ex-interne des hôpitaux, lauréat de la faculté de médecine, ex-chirurgien-major du bataillon des volontaires de Montrouge, chirurgien de l'hôpital de Saint-Germain-en-Laye, chevalier de la Légion d'honneur;*

ROTY, *ex-caporal;*

ROUCH, *ex-capitaine;*

FOURNIER, *ex-sous-lieutenant;*

COURTEAUX, *ex-sergent;*

DIVES, *ex-sergent;*

SEBOURQUE, *ex-fourrier*;
FRIBOURG, *ex-sous-officier*;
LEMONNIER, *ex-fourrier d'ordre*;
ROUFFIAC, *ex-adjudant*;
COLLIN, *ex-capitaine*;
COURTOIS; MECHINE; CHAUVIN; ROUET; PARIGOT;
REDON; LALLIER; DANZEL; PEPIN; BARNICOT; C. GERARD;
H. GERARD; PINTEUR; CHAMP; SORET; LEMEURRE,
BASSET, LEPIN, PERRIN, *volontaires*.

---

31 octobre 1885.

Les soussignés, volontaires de Montrouge, qui ont servi la Commune, et qui, en cette qualité, ont été faits prisonniers et conduits au boulevard des Fourneaux dans la journée du 23 mai 1871; déclarent que M. DELAMARCHE, leur ancien commandant, n'y était pas chef de prévôté, et qu'il n'y est entré un moment que pour intercéder en faveur de deux prisonniers, dont il a pu obtenir la mise en liberté.

ROGGEN, rue Coüesnon, 12 bis.
Louis ROTY, rue Lebouis, 10.

Attestation

Je considère comme un devoir d'ajouter mon témoignage d'estime pour M. DELAMARCHE à ceux qui lui sont donnés à l'occasion du procès qu'il intente au journal le *Cri du Peuple*.

Le 5 Septembre 1870, j'ai reçu du maire de Paris, ETIENNE ARAGO, la délicate mission d'organiser le mouvement républicain dans le XIVᵉ arrondissement. Dès les premières heures de mon installation à la mairie, M. DELAMARCHE, que je connaissais pour un républicain solide et convaincu, est venu m'offrir son concours précieux dans ces circonstances difficiles.

L'effervescence des premiers jours un peu calmée, M. DELAMARCHE n'a plus eu qu'une préoccupation: contribuer de toute son ardeur et de toute ses forces à la préparation de la lutte contre les Prussiens. C'est lui qui, dans une fièvre toute patriotique, a organisé le premier bataillon dit des volontaires de Montrouge, qui ait été mis à la disposition du gouvernement de la défense nationale. Ce bataillon, comme on le sait, s'est glorieusement signalé dans plusieurs combats autour de Paris.

Absent pendant le second siège, je n'ai revu M. DELAMARCHE qu'à la fin de 1871, et depuis lors je n'ai cessé de retrouver en lui le patriote ardent, le républicain solide et convaincu, l'honnête citoyen que j'avais pu apprécier en septembre 1870. Son activité, qui ne s'est jamais démentie, s'est portée tout entière alors sur le développement du peuple par l'instruction, et dans cette voie, par la création des bibliothèques et des conférences libres, il a rendu d'immenses services.

Paris, le 28 octobre 1885.

H. LENÉVEUX,
ancien conseiller municipal du quartier du Petit-Montrouge, ancien conseiller général de la Seine.

———

Polémique avec le journal « Ni Dieu Ni Maître »

Paris, 23 décembre 1889.

Au citoyen A. B., rédacteur du Journal *Ni Dieu ni Maître.*

Citoyen,

Vous avez inséré ma réponse aux imputations calomnieuses contenues dans votre numéro du 12 décembre courant, je vous en remercie. Toutefois, le sens de plusieurs phrases se trouvant altéré par l'adjonction ou le retranchement de plusieurs mots, je dois en rétablir le texte exact. Je n'ai pas dit que j'avais été décoré pour ma « *belle* » conduite à Buzenval, mais pour ma « *conduite* »; il eût été outrecuidant de m'exprimer autrement...

Vous ajoutez « que j'oublie de dire que j'ai suivi mes chefs réactionnaires à Versailles. »

Je me retirai à Versailles, non parce que le gouvernement y était, je l'ignorais en quittant Paris; mais, parce que les prussiens n'y étaient plus et que j'avais dans cette ville des amis et des parents qui pouvaient me donner asile.

Dans ma lettre du 13 décembre, je vous ai dit quel avait été mon rôle pendant la semaine de mai et après; je n'y reviendrai pas.

Pour conclure, je déclare que, chef du XIVe arrondissement dans des circonstances terribles, au milieu des passions déchaînées, je crois avoir été l'un des rares hommes qui surent conserver leur sang-froid. J'ai accompli, moi, obscur citoyen, une tâche qu'aujourd'hui je considérerais peut-être comme au-dessus de mes forces, et qui restera comme la page la plus honorable de ma modeste existence.

En résumé, vos attaques ont-elles pour but d'établir que j'ai été opposé à l'insurrection du 18 mars, à la Commune? Qui le conteste? Ce n'est certes pas moi; car si j'admets qu'une partie de la population a pu être entraînée par suite des circonstances et de bonne foi dans ce mouvement, je déclare que cela ne m'était pas permis, attendu que j'avais suivi de près les réunions publiques sous l'empire, que je connaissais les futurs hommes de la Commune et leurs folles théories. Mais, si vous voulez aller au delà de cette dissidence politique, je dis, halte-là, vous me calomniez! je vous rappelle que j'ai été persécuté par les vôtres et non leur persécuteur.

Je mets au défi quiconque, d'établir que j'ai nui en quoi que ce soit à un seul citoyen. Je prouverai au contraire que j'ai tendu la main à tous indistinctement et particulièrement à ceux qui m'avaient menacé de mort et qui avaient répandu sur mon compte les bruits les plus calomnieux.

J'estime, citoyen, que dans les luttes civiles, la générosité s'impose à l'égard des vaincus; c'est ce qui vous explique, et ma conduite pendant la lutte, et mes démarches après en faveur des victimes de la guerre civile.

Cette conduite m'a valu les persécutions des deux partis; au 18 mars, on voulut me tuer, parce que je refusai mon concours à l'émeute; le 9 juin 1871, j'étais arrêté à la mairie par un agent de Versailles. De cette date en 1873, j'eus à subir douze à quinze enquêtes de police. Maintenant que la réaction m'a quitté, c'est au tour des communalistes à me reprendre; ce qui parait donner raison à cet adage, que les extrêmes se touchent.

Je puis, citoyen, faire la preuve de tout ce que j'ai avancé. Je dois donc vous informer que je poursuivrai dorénavant comme calomniateurs et diffamateurs quiconque renouvellerait les ignobles attaques dont j'ai été l'objet. Après la publicité donnée à cette discussion, et les explications fournies, je n'aurai plus à faire la part de l'ignorance ; je pourrai considérer mes détracteurs comme étant de mauvaise foi.

Je termine en déclarant que, malgré les tracasseries que m'ont fait subir les partis extrêmes : bonapartistes et communalistes, je resterai fidèle aux convictions de toute ma vie ; tout dévoué à la patrie, à la république, résolu à contribuer de toutes mes forces au développement normal et régulier de nos démocratiques institutions, conquises avec tant de labeurs et de sacrifices.

Je vous prie, citoyen, et au besoin je vous requiers de faire insérer cette lettre dans votre plus prochain numéro.

Veuillez agréer ma parfaite considération.

PAUL DELAMARCHE,

Ex-colonel des volontaires de
Montrouge
et du 53ᵉ régiment de Paris.

Polémique avec le journal « l'Intransigeant »

Dans son numéro du 19 décembre 1881, le journal l'*Intransigeant*, à l'instigation d'un comité électoral, avait cité le nom de M. DELAMARCHE avec la qualité de « *chef de la prévôté du XIVᵉ arrondissement*.

Bien que cette qualification eût été introduite dans ce journal d'une manière incidente, M. DELAMARCHE envoya le même jour une lettre de rectification et de protestation, parue dans l'*Intransigeant* du 21 décembre et reproduite dans la plaidoirie de Mᵉ A. LEDRU, pages 96-97.

Cette lettre ayant été suivie de commentaires désobligeants, M. DELAMARCHE en envoya une autre dès le 21 décembre. Cette deuxième lettre ne fut pas insérée, mais seulement commentée et analysée dans le numéro du 21 décembre, ce qui amena dans le numéro du 23 une nouvelle lettre de M. DELAMARCHE, datée du 23, dans laquelle il se plaignait de ce que l'on n'avait pas inséré sa lettre précédente et dans laquelle il résumait ce qu'il avait fait lors de la rentrée des troupes.

Voici cette lettre publiée par l'*Intransigeant*, qui n'en a d'ailleurs inséré que les derniers paragraphes.

Paris, 23 décembre 1881.

... Comme vous me dites de préciser et que vous me mettez en demeure d'accepter la responsabilité de tout ce qui s'est passé dans le « ressort de mon commandement, » je vais le faire, et en termes brefs...

J'accepte toute la responsabilité de ce qui s'est passé sous mon commandement au XIVe arrondissement, dans la sphère de mes attributions. Voici les faits :

1° Il n'y a pas eu de prévôté au XIVe arrondissement et par suite pas d'exécutions à partir de la prise de mon commandement ;

2° Durant la même période, il n'y a pas eu d'arrestations opérées par les troupes sur lesquelles j'avais autorité ; les dénonciateurs ont été jetés à la porte, les dénonciations au feu ;

3° Des secours en bons de pain et de viande ont été distribués aux hommes de la garde nationale, en attendant la reprise du travail ;

4° Certains édifices, tels que l'église de la rue Thibaud préparés pour l'incendie ont été préservés de la destruction.

Je m'arrête, ne voulant pas entrer dans plus de détails pour le moment ni excéder le droit de réponse.

J'ajoute néanmoins, comme sanction à mes dires, que je mets au défi un être quelconque d'établir que je lui ai causé, directement ou indirectement un dommage.

Je produirai au contraire, si cela est nécessaire, le témoignage de ceux de mes concitoyens que j'ai aidés à sortir d'embarras, comme c'est le devoir de tout citoyen de le faire dans les luttes civiles.

Veuillez agréer, etc.

P. DELAMARCHE.

Le journal ayant fait connaître que le signataire n'avait pas fait connaître la date de son entrée en fonctions et l'ayant invité à préciser, M. DELAMARCHE répondit dès le 26 décembre ; sa lettre parut le 29 seulement ; elle est ainsi conçue :

Paris, le 25 décembre 1881.

Monsieur,

J'ai lieu de me plaindre que vous ayez substitué vos réflexions au texte de ma lettre du 21 décembre courant, et que vous ayez retranché de ma lettre du 23 ce qui n'a pas eu l'agrément de vous convenir, en reléguant la partie insérée après les annonces du numéro de votre journal du 25 décembre.

Lorsqu'un journal se fait l'écho d'insinuations aussi malveillantes que celles dirigées contre moi, il semble qu'une place, au moins égale à l'attaque, doit être réservée à la défense.

J'ai le regret de constater qu'il n'en a pas été ainsi; le public appréciera de semblables procédés de discussion.

Dans les réflexions qui suivent la partie publiée de ma dernière lettre, vous paraissez émettre un doute sur l'un des points affirmés par moi en demandant la date de mon entrée en fonctions.

Comme je veux qu'il ne subsiste ni équivoque ni obscurité dans la question, je déclare que je me suis installé à la mairie le 24 mai au matin, et que j'ai aussitôt exercé mon commandement dans toutes les parties de l'arrondissement évacuées par les troupes.

Maintenant d'ailleurs tous les termes de ma lettre du 23 décembre courant, insérée dans le numéro du 25, je réitère qu'il n'y a pas eu d'exécution partout où s'est étendue l'action de mon commandement.

Je vous requiers, Monsieur, en conformité de l'article 13 de la loi du 29 juillet 1881, d'insérer textuellement la présente lettre dans votre plus prochain numéro.

Je vous salue.

P. DELAMARCHE.

Rue Brézin, 13 (XIVe arrondissement).

Enfin, cette quatrième lettre ayant encore été suivie de commentaires que M. DELAMARCHE ne pouvait accepter, et bien que son correspondant *anonyme* eût déclaré la discussion désormais oiseuse et l'incident clos, il envoya le 28 décembre, une cinquième lettre résumant et complétant les précédentes, *et par ministère d'huissier cette fois.*

Cette lettre fut insérée dans le numéro du 5 janvier 1882; son insertion n'étant suivie d'aucune réflexion, la discussion cessa; elle avait duré du 19 décembre 1881 au 5 janvier 1882, c'est-à-dire dix-sept jours.

Voici le texte de cette cinquième et dernière lettre:

Paris, 28 décembre 1881.

Monsieur,

Non, l'incident n'est pas clos comme vous paraissez le croire.

Il durera tant que persisteront les insinuations dont vous continuez à vous faire le complaisant interprète. Cette discussion est instructive d'ailleurs; elle prouvera au public, peu habitué encore à la pratique de la liberté de la presse, que la réputation d'un homme, dont le passé est irréprochable, n'est pas à la merci des passions politiques.

Un légiste de légendaire mémoire demandait deux lignes de l'écriture d'un homme pour le pouvoir faire pendre. Vous, Monsieur, il vous suffit de deux de mes phrases, qu'à quatre jours de date vous citez incomplètes et en les arrangeant à votre convenance, pour essayer de déplacer ma responsabilité et la faire sortir des limites que loyalement, et en me conformant aux faits, je lui ai données.

J'ai dit, dans ma lettre du 23 décembre, insérée dans le numéro du 25 : « J'accepte toute la responsabilité de ce qui s'est passé sous *mon commandement*, au XIV⁰ arrondissement, *dans la sphère de mes attributions.* »

Et invité par vous à donner la date de mon entrée en fonctions, j'ai répondu dans ma lettre du 26 décembre, insérée dans le numéro du 29 : « Je déclare que je me suis installé à la mairie le 21 mai, et que j'ai aussitôt exercé mon commandement *dans toutes les parties de l'arrondissement évacuées par les troupes.* »

Pourquoi dans l'article inséré dans le numéro précité, au lieu de la première phrase avez-vous dit : « Dans toute l'étendue de l'arrondissement » sans ajouter les deux membres de phrases complémentaires soulignés plus haut?

Et dans ma lettre du 26, pourquoi en me citant, ne retenir que la date de mon entrée en fonctions, pour en tirer des conclusions forcées, et ne pas ajouter la partie soulignée plus haut, qui complète ma pensée et circonscrit ma responsabilité dans ses limites réelles?

Croyez-vous donc, Monsieur, ce qui paraît ressortir de vos réflexions, que j'avais, moi, garde national, des ordres à donner aux généraux? En vérité, vous me permettrez de dire que cela ne supporte pas l'examen.

Pour sortir de cette discussion, qui prend un caractère par trop byzantin vraiment, je réitère que j'accepte la responsabilité de ce qui s'est fait « sous mon commandement au XIV⁰ arrondissement, dans la sphère de mes attributions et dans toutes les parties de l'arrondissement où s'est exercée mon autorité. »

Je réitère aussi que je mets au défi qui que ce soit d'établir que j'ai causé aucun dommage à un seul citoyen et, qu'au contraire, je produirai, au besoin, le témoignage d'un grand nombre de citoyens que, non sans péril pour moi, j'ai aidés à sortir d'embarras.

Libre à vous, monsieur, de continuer cette discussion qui ne peut qu'éclairer le public; mais soyez assuré d'avance que vous me trouverez imperturbablement devant vous, avec la force que donne le bon droit, pour rétablir la vérité chaque fois qu'elle sera altérée.

Je vous requiers, en conformité de l'article 13 de la loi du 29 juillet 1881, *que je connais bien,* d'insérer textuellement ma présente lettre dans votre plus prochain numéro.

Je vous salue.

P. DELAMARCHE,

rue Brézin, 13 (XIVᵉ arrondissement).

On peut apprécier par cette polémique si en effet M. DELAMARCHE « *se défendait peu,* » comme l'a dit dans sa déposition l'honorable M. Alphonse HUMBERT, dont les souvenirs, à cinq ans de date, ont pu se trouver quelque peu effacés, ainsi que d'ailleurs il l'a déclaré.

LIQUIDATION DU PROCÈS

L'arrêt de la Cour a reçu son exécution; le texte en a paru dans les journaux suivants:

France, du 6 mars; *Événement,* du 9 mars; *Paris, Débats, Rappel, Voltaire, Nation, Mot d'Ordre, Radical* et *Siècle* du 10 mars.

Les 4,000 francs de dommages et intérêts alloués à M. DELAMARCHE ont été employés ainsi qu'il est indiqué ci-après:

Dommages et intérêts. . . . . 4,000 fr. •

Honoraires à divers . . . . 1,350 fr. »

Frais pour comptes-rendus des audiences des 7 novembre et 5 décembre; frais judiciaires de l'audience du 7 novembre; copies diverses; timbres et frais d'enregistrement . . . . . . 351 fr. 55

Frais d'impressions. Compte-rendu du procès; plaidoirie de Me Alphonse LEDRU . . . . . . 1,600 fr.

Versé à la caisse des écoles du XIVe arrondissement. . . . . 600 fr. »

Versé à la caisse de secours des anciens volontaires . . . . . . 300 fr. »

Secours à divers. . . . . 100 fr. »

Total. . . 4,301 fr. 55   4,000 fr. •

Excédent de dépenses . . . . . 301 fr. 55

TABLE

Paris. — Imp. E. Deschamps, 15, avenue d'Orléans.